Gespräche mit Msgr. Escrivá de Balaguer

Gespräche mit Msgr. Escrivá de Balaguer

Palabra
Time
Le Figaro
New York Times
L'Osservatore della Domenica
Gaceta Universitaria
Telva

A V Adamas Verlag · Köln

4. Auflage

Postfach 41 01 07, D-5000 Köln 41

Imprimatur, Coloniae, die 26. m. Junii a. 1969,
Jr.-Nr. 64 151 I/69 Nettekoven, vic. glis.
Umschlagentwurf: Hannes Jähn
Gesamtherstellung: Echter Würzburg
Printed in Germany 1992
ISBN 3-925746-00-5

INHALTSVERZEICHNIS

MSGR. JOSEMARÍA ESCRIVÁ DE BALAGUER

Josemaría Escrivá de Balaguer wurde am 9. Januar 1902 im nordspanischen Barbastro geboren. Er war etwa 15, als er seine Berufung durch Gott ahnte. Daraufhin faßte er den Entschluß, Priester zu werden. 1918 begann er mit dem Studium der Theologie im Priesterseminar von Logroño. Ab 1920 studierte er an der Universität Saragossa, wo er 1923 auch ein Jurastudium aufnahm. Am 20. Dezember 1924 wurde er zum Diakon und am 28. März 1925 zum Priester geweiht.

Sein priesterliches Wirken begann er im dörflichen Perdiguera. Später war er in Saragossa tätig. Im Frühjahr 1927 ging er – mit bischöflichem Einverständnis – nach Madrid, um dort das Juraexamen abzulegen.

Seine seelsorgliche Tätigkeit begann er in den Elendsquartieren Madrids, unter Kranken und Sterbenden. Er übernahm die Kaplanei eines Krankenhilfswerkes, das von den *Damas apostólicas (Damen vom Allerheiligsten Herzen Jesu)* geführt wurde. Außerdem war er neben der juristischen Promotion als Dozent tätig.

Am 2. Oktober 1928 ließ Gott ihn „sehen“, was er bislang nur geahnt hatte: das Opus Dei. Auf eine weitere göttliche Eingebung hin begann er am 14. Februar 1930 das Apostolat des Opus Dei unter Frauen.

Seitdem ging der Gründer des Opus Dei ganz in der Sendung auf, die Gott ihm anvertraut hatte. 1934 wurde er Rektor des Patronats von der heiligen Elisabeth. Während des spanischen Bürgerkrieges versah er seinen priesterlichen Dienst – nicht selten unter Lebensgefahr – zunächst weiter in Madrid, später in Burgos. Innere und äußere Drangsale der damaligen Zeit trug er gelassen und gottergeben.

Am 14. Februar 1943 gründete er die mit dem Opus Dei verbundene Priesterliche Gesellschaft vom Heiligen Kreuz, die die Priesterweihe von Laienmitgliedern des Opus Dei und ihre Inkardination für den Dienst des Werkes ermöglichte. Später sollte auch Diözesanpriestern das Streben nach der Heiligkeit innerhalb des Opus Dei durch Ausübung der priesterlichen Pflichten und in ausschließlicher Abhängigkeit vom eigenen Bischof möglich werden.

1946 verlegte Josemaría Escrivá seinen Wohnsitz nach Rom, wo er bis zu seinem Tod lebte. Von dort aus leitete er die weltweite Ausbreitung des Opus Dei. Bei seinem Tode zählte das Werk etwa 60 000 Mitglieder aus 80 Nationen.

Während seiner römischen Zeit war er Konsultor der Päpstlichen Kommission für die authentische Interpretation des Codex Iuris Canonici und der Kongregation für Seminare und Universitäten, Päpstlicher Hausprälat und Ehrenmitglied der Päpstlichen Römischen Akademie für Theologie. Er war Großkanzler der Universitäten von Navarra in Spanien und Piura in Peru.

Josemaría Escrivá starb am 26. Juni 1975 in seinem Arbeitszimmer in Rom. Sein Leben für die Kirche und für den Papst Gott aufzuopfern, war ihm seit Jahren zur Gewohnheit geworden. Sein Leichnam ruht in Rom in der Krypta unter „Maria vom Frieden", der Kirche des Prälaten des Opus Dei. In Dankbarkeit wenden sich seitdem viele Menschen aus der ganzen Welt, die durch das Leben und die Lehre des Gründers Gott nähergekommen sind, im Gebet an ihn als Fürsprecher bei Gott.

Als sein Nachfolger in der Leitung des Opus Dei wurde einstimmig am 15. September 1975 Alvaro del Portillo gewählt. Jahrzehnte war er sein engster Mitarbeiter gewesen. Am 28. November 1982 errichtete Papst Johannes Paul II. das Opus Dei als Personalprälatur. Seit seiner Gründung hatte das Werk mit diözesaner Approbation gearbeitet, 1943 erfolgte die *appositio manuum* durch den Heiligen Stuhl, dann die päpstliche Approbation. Mit der neuen Rechtsform der Personalprälatur erhielt das Werk die rechtliche Gestalt, die der Gründer gewünscht hatte.

Monsignore Escrivá stand bereits zu Lebzeiten im Ruf der Heiligkeit, der sich nach seinem Tod weiter ausbreitete. Davon zeugen Briefe und Berichte über geistliche und materielle Gnadenerweise, die seiner Fürsprache zugeschrieben werden; unter ihnen sind auch einige medizinisch nicht erklärbare Krankenheilungen. Aus allen fünf Kontinenten kamen nach seinem Tod schriftliche Bitten an den Papst, für Josemaría Escrivá den Selig- und Heiligsprechungsprozeß zu eröffnen.

Darunter waren Gesuche von 69 Kardinälen und etwa 1300 Bischöfen, einem Drittel des Weltepiskopates. Die Kongregation für die Heiligsprechungen gab am 30. Januar 1981 ihr *Nihil obstat* für die Eröffnung des Seligsprechungsverfahrens, dem am 5. Februar 1981 die päpstliche Bestätigung folgte. Der Prozeß über Leben und Tugenden des Dieners Gottes wurde am 12. Mai 1981 in Rom eröffnet und vom Kardinalvikar der Diözese am 8. November 1986 abgeschlossen. Parallel dazu wurde ein Prozeß vom 18. Mai 1981 bis zum 26. Juni 1984 in Madrid geführt, wo der Gründer viele Jahre gelebt hatte.

Nach Prüfung der Ergebnisse der beiden Prozesse haben die theologischen Konsultoren und die Kommission der Kardinäle und Bischöfe der Kongregation für die Selig- und Heiligsprechungen festgestellt, der Gründer des Opus Dei habe die christlichen Tugenden heroisch gelebt. Daraufhin hat Papst Johannes Paul II. am 9. April 1990 den heroischen Tugendgrad von Josemaría Escrivá erklärt. Ein Dekret vom 6. Juli 1991 anerkennt eine auf die Fürsprache von Josemaría Escrivá erwirkte Krankenheilung. Papst Johannes Paul II. wird den Gründer des Opus Dei am 17. Mai 1992 auf dem Petersplatz in Rom seligsprechen.

Unter den veröffentlichten Schriften finden sich neben der theologisch-juristischen Studie *La Abadesa de las Huelgas* geistliche Bücher, die in viele Sprachen übersetzt wurden: *Der Weg, Der Rosenkranz, Christus begegnen, Freunde Gottes, Der Kreuzweg, Die Spur des Sämanns, Im Feuer der Schmiede.* Die vier zuletzt genannten Titel sind posthum erschienen. Zeitungs-Interviews wurden im vorliegenden Band zusammengestellt.

EINLEITUNG

Der vorliegende Band faßt Interviews zusammen, die Msgr. Escrivá de Balaguer Journalisten aus verschiedenen Ländern gegeben hat. Ausgewählt wurden vor allem solche Beiträge, die das Denken des 1975 verstorbenen Gründers des Opus Dei besonders charakterisieren. Den Abschluß der Textsammlung bildet eine Predigt, die Escrivá auf dem Campus der Universität von Navarra (Nordspanien) vor mehr als 40 000 Menschen gehalten hat. Es handelt sich dabei um einen Schlüsseltext hinsichtlich der Spiritualität des Opus Dei.

Für viele ist der Name von Josemaría Escrivá mit dem Buch *Der Weg (Camino)* verbunden, das man auch *die Nachfolge Christi der Moderne* genannt hat; in der Tat wurde diese Publikation zu einem Bestseller der geistlichen Literatur. Seit seinem Ersterscheinen im Jahre 1934 (unter dem Titel *Consideraciones espirituales)* sind 236 Auflagen in 38 Sprachen mit mehr als dreieinhalb Millionen Exemplaren erschienen. Viele Menschen haben mit Hilfe des kleinen Buches zu einem selbstverständlicheren Umgang mit Gott gefunden.

Wer mit dem Leben der Kirche näher vertraut ist, verbindet den Namen von Msgr. Escrivá mit der Personalprälatur Opus Dei. Das Werk will seit seiner Gründung im Jahre 1928 daran erinnern, daß *die Heiligkeit keine Sache für Privilegierte ist,* daß vielmehr *alle Wege der Erde Wege Gottes sein können.* Dem Christen wird hier ein Weg mitten in der Welt gewiesen, in einer wirklichen Ganzhingabe und gemäß einer spezifisch auf den Laien zugeschnittenen Spiritualität nach der eigenen Heiligung zu streben und den Glauben weiterzugeben.

Die Bedeutung, die die Prälatur als pastorales und soziologisches Phänomen innerhalb der Kirche besitzt, liegt auf der Hand. Als Msgr. Escrivá am 26. Juni 1975 starb, war das Opus

Dei bereits mit mehr als 60000 Mitgliedern aus 80 Nationen auf allen Kontinenten verbreitet. Am 15. September 1975 wurde Msgr. Alvaro del Portillo als Escrivás Nachfolger an die Spitze des Werkes gewählt, nachdem er mehr als vierzig Jahre lang dessen engster Mitarbeiter gewesen war.

Del Portillo, der 1991 die Bischofsweihe empfing, setzt die Ausbreitung des Opus Dei in aller Welt fort. Im Geiste des Gründers erlangte er dem Opus Dei seine endgültige Rechtsform. Entsprechende Vorarbeiten hatte Msgr. Escrivá auf Anregung von Paul VI. bereits eingeleitet. Sie fanden am 28. November 1982 ihren Abschluß, als Papst Johannes Paul II. das Opus Dei als Personalprälatur errichtete. Damit war jener kirchenrechtliche Status erlangt, den bereits Msgr. Escrivá gemäß dem Gründungscharisma im Auge hatte. Die bis dahin gebräuchliche Einordnung des Opus Dei als „Säkularinstitut" wurde damit hinfällig. Nunmehr handelt es sich um eine Personalprälatur internationaler Ausdehnung mit eigenen Statuten. Ihr Zentralsitz befindet sich in Rom.

Wo die vorliegenden Beiträge auf rechtliche und organisatorische Seiten des Opus Dei zu sprechen kommen, sollte man den damaligen Kontext der entsprechenden Ausführungen berücksichtigen: Das Werk befand sich in einer vorläufigen rechtlichen Situation. So konnte der Gründer noch nicht die der endgültigen Rechtsform entsprechende Terminologie benutzen, obwohl er sie manchmal durchblicken läßt. Dieser Umstand erklärt beispielsweise, warum in diesem Band das Opus Dei häufig als *Vereinigung* bezeichnet und sein Prälat *Generalpräsident* genannt wird. Weitere im kirchenrechtlichen Provisorium begründete Ausdrücke werden im laufenden Text durch Fußnoten erläutert.

Die Schwierigkeit, hier und da unangemessene juristische Begriffe verwenden zu müssen, weiß Msgr. Escrivá jedoch auszugleichen. So kann der Leser dennoch ein authentisches Bild von der geistlichen, pastoralen und juristischen Wirklichkeit des Opus Dei gewinnen. Fruchtbarer wird die Lektüre jedoch, wenn man über eine gewisse Vorkenntnis der jetzigen Rechtsform verfügt, auf die sich der Interviewte einige Male implizit bezieht. Deshalb der folgende Überblick.

* * *

Die Personalprälatur Opus Dei besteht aus einem Prälaten als ihrem Ordinarius, aus dem Klerus oder Presbyterium der Prälatur – den im Opus Dei inkardinierten Priestern – und aus den Laien, die sich in die Prälatur eingliedern.

Die Priester gehen ausschließlich aus den Reihen der dem Opus Dei angehörenden Laien hervor; sie empfangen die Priesterweihe nach den notwendigen theologischen Studien. Den Diözesen werden damit keine Priester oder Priesteramtskandidaten entzogen. Die Laien der Prälatur sind Männer und Frauen, Ledige oder Verheiratete, Menschen jeglicher gesellschaftlicher Stellung.

Sie schließen sich dem Opus Dei an, weil sie ihre spezifische Berufung für diesen Weg der Heiligung erkannt haben und auf diese Weise Christus und seiner Kirche dienen wollen. Die Gläubigen der Prälatur, ob Kleriker oder Laien, haben dieselbe Berufung. Sie übernehmen daher auch dieselben aszetischen und bildungsmäßigen Verpflichtungen, die freilich dem jeweiligen Stand des einzelnen und seinen persönlichen Lebensverhältnissen angepaßt sind. So nimmt jeder Angehörige der Prälatur auf seine Weise in vollem Sinne an der spezifischen apostolischen Sendung des Opus Dei teil.

Die Prälatur Opus Dei ist eine organische pastorale Einheit. Sie nimmt ihre apostolische Arbeit – mit der seelsorglichen Hilfe der Kleriker der Prälatur – in einer männlichen und einer weiblichen Abteilung wahr, die beide dem Prälaten unterstehen. In ihm als dem Ordinarius ist die vollkommene Einheit der Spiritualität und der Jurisdiktion zwischen beiden Abteilungen gegeben und gewährleistet. Er leitet das Opus Dei mit seinen Vikaren und Beratern, die für jede Abteilung verschieden sind. Analog werden die Regionalvikare bei ihrer Leitungsarbeit in den verschiedenen Ländern unterstützt.

Dem Prälaten kommt eine ordentliche Leitungsgewalt (Jurisdiktion) zu, die durch das spezifische Ziel der Prälatur umschrieben wird. Sie unterscheidet sich aufgrund des unterschiedlichen Zuständigkeitsbereiches von der Jurisdiktionsgewalt, die die Diözesanbischöfe für die allgemeine Seelsorge der Gläubigen besitzen. Außer der Leitung des eigenen Klerus umfaßt sie die spezifische geistliche wie apostolische Bildung und Betreuung der Laien der Prälatur.

Die Angehörigen der Prälatur Opus Dei wollen inmitten der

säkularen Gesellschaft in ihrem Stand und ihrer Arbeit ein konsequent christliches Leben führen und so die Heiligung in der Christusnachfolge für sich selbst und für die Menschen in ihrer Umgebung anstreben. Die Eingliederung in das Opus Dei erfolgt durch eine wechselseitige vertragliche dauerhafte Bindung zwischen der Prälatur und demjenigen, der die Aufnahme wünscht.

Die Gläubigen erklären ihre Bereitschaft, den Erfordernissen der Aszese, der Bildung und des Apostolats nachzukommen, insofern sie das spezifische Recht der Prälatur betreffen, und in ihrem Verhalten die Normen zu pflegen, die das Leben im Opus Dei leiten. Weiterhin verpflichten sie sich, ihren Lebensunterhalt und den ihrer eigenen Familie durch ihre berufliche Arbeit zu verdienen. Im Rahmen ihrer Möglichkeiten tragen sie mit ihrem Verdienst auch dazu bei, die Bildungsaufgaben und apostolischen Initiativen der Prälatur zu unterstützen.

Die Angehörigen des Opus Dei sind untereinander ebenso verschiedenartig wie dies in jedem anderen säkularen Jurisdiktionsbereich der Fall ist, etwa in einer Diözese: Es gibt Priester und Laien, Männer und Frauen, Junge und Alte, Ledige und Verheiratete, Kranke und Gesunde. Sie gehen unterschiedlichen Berufen nach und nehmen verschiedene soziale Positionen ein.

Die Prälatur Opus Dei besitzt eine zweifache apostolische bzw. pastorale Zielsetzung: Einerseits entwickelt der Prälat mit seinem Presbyterium eine besondere Seelsorge, um den Mitgliedern des Opus Dei die nötigen Hilfen zu geben, damit sie ihren anspruchsvollen aszetischen, apostolischen und Bildungs-Verpflichtungen nachkommen können. Andererseits widmet sich die Prälatur durch ihre Priester und Laien einem spezifischen Apostolat, um Menschen aller Gesellschaftsschichten die universale Berufung zur Heiligkeit und damit auch zum Apostolat wieder ins Bewußtsein zu rufen, die wesentlich mit dem heiligenden Wert der gewöhnlichen Berufsausübung jedes einzelnen verbunden ist.

Ferner rufen einzelne Mitglieder des Werkes zusammen mit Menschen, die nicht der Prälatur angehören und die oft nicht katholisch sind, in der ganzen Welt verschiedenste apostolische Initiativen ins Leben. In manchen Fällen übernimmt die Prälatur Opus Dei ausdrücklich die besondere Seelsorge und bietet so jedem, der es wünscht, im Rahmen der Bildungstätigkeit dieser Initiativen eine angemessene geistliche Betreuung an. Diese Einrichtungen haben eine apostolische Zielsetzung und werden sachlich kompetent und in laikaler Weise verantwortet.

Untrennbar mit der Prälatur verbunden ist die Priesterliche Gesellschaft vom Heiligen Kreuz, deren Ziel es ist, auch unter Weltpriestern, die nicht aus den Laien des Opus Dei hervorgegangen sind, das Gründungscharisma des Werkes wirksam werden zu lassen.

Der Prälat des Opus Dei ist zugleich Generalpräsident der Priesterlichen Gesellschaft vom Heiligen Kreuz. Die in der Prälatur inkardinierten Priester sind *ipso iure* auch Mitglieder dieser Vereinigung. Außerdem können andere Weltpriester als Mitglieder aufgenommen werden, die in einer Diözese inkardiniert sind und unter der ausschließlichen Jurisdiktion ihres Bischofs verbleiben. Dieser ist nach wie vor ihr einziger kirchlicher Vorgesetzter.

Im Dekret des II. Vatikanischen Konzils über Dienst und Leben der Priester werden Vereinigungen von Klerikern ausdrücklich angeregt. Aufgabe der Priesterlichen Gesellschaft vom Heiligen Kreuz ist es, die Heiligkeit der Priester in der Ausübung ihres eigenen Amtes zu fördern. Die Mitglieder solcher Vereinigungen erhalten eine angemessene geistliche und aszetische Betreuung, die ihnen unter anderem helfen soll, ihren Diözesanbischöfen bereitwilliger zur Verfügung zu stehen und sich selbstlos für die Belange ihrer Diözese einzusetzen.

* * *

Die Verbreitung des Opus Dei und der Einfluß seiner Spiritualität und seiner apostolischen Einrichtungen im Leben der Kirche und der Gesellschaft erklären das Augenmerk, das die öffentliche Meinung auf es lenkt. So stellten verschiedene Zeitschriften und Zeitungen Msgr. Escrivá konkrete, auf die Interessen der jeweiligen Leser abgestimmte Fragen.

Pedro Rodriguez, Chefredakteur der theologischen Zeitschrift *Palabra* (Madrid), bat Msgr. Escrivá um seine Meinung zu zentralen Fragen der Kirche in unserer Zeit: die gegenwärtige Lage des Katholizismus, das Apostolat der Laien, die Rolle des Priesters in der Gesellschaft, die christliche Durchdringung des Zeitlichen usw.

Gleichzeitig werden die Rolle, die dem Opus Dei in der Kirche und in der Welt zukommt, und einige wichtige Züge seines Geistes sichtbar. Besonders kennzeichnet dieses lange Interview der ausgeprägt kirchliche Sinn Msgr. Escrivás, der ihn konkrete Erfordernisse unserer Zeit erspüren und mit apostolischem Geist aufgreifen läßt. Diese Haltung wird begleitet von einer unmißverständlichen Bejahung des Pluralismus, der sich nicht nur aus der Achtung für die Freiheit in der Kirche ergibt, sondern auch aus dem Glauben an das Wirken Gottes, der die Kirche leitet und seine Gaben und Charismen in unerschöpflicher Vielfalt austeilt.

Auf dem Hintergrund der in diesem ersten Text zum Ausdruck gebrachten Gedanken sind die Antworten auf die erheblich spezielleren Fragen der drei folgenden Interviews zu sehen. Peter Forbarth *(Time)*, Jacques Guillemé-Brûlon *(Le Figaro)* und Tad Szulc *(New York Times)* formulierten ihre Fragen im Hinblick auf die Millionen Leser dieser Blätter. Die behandelten Themen nehmen daher häufig zunächst auf aktuelle Fragestellungen, auf konkrete Personen und Begebenheiten des internationalen politischen Lebens Bezug, die für den jeweiligen Leser einen vertrauten Rahmen darstellen, um dann zu tieferen geistlichen und apostolischen Anliegen oder spezifisch theologischen und kirchenrechtlichen Fragen überzugehen. Das im vatikanischen Wochenblatt *L'Osservatore della Domenica* veröffentlichte Interview von Enrico Zuppi und Antonio Fugardi beschäftigt sich gleichfalls auf dem aktuellen Hintergrund der kirchlichen Situation mit dem Geist und dem Apostolat des Opus Dei.

Am 16. Mai 1966 wurde das Interview mit der Pariser Tageszeitung *Le Figaro* veröffentlicht – zeitlich der erste der hier vorgelegten Texte. Die Antworten auf die Fragen von Peter Forbarth und Tad Szulc dienten als Hintergrund-Material für verschiedene Artikel.

Das Interview von Andrés Garrigó, Chefredakteur der *Gaceta Universitaria*, bezieht sich speziell auf den universitären Bereich. Hier spricht Msgr. Escrivá nicht nur als Gründer des Opus Dei über apostolische Anliegen, sondern er äußert zugleich auch seine ganz persönlichen Ansichten zu einer Thematik, die ihn zeitlebens stark interessiert hat und die er sowohl persönlich – Msgr. Escrivá war unter anderem Konsultor der

Kongregation für das katholische Unterrichtswesen – als auch durch die Tätigkeit der Mitglieder des Opus Dei wesentlich mitgeprägt hat.

Eine seiner ersten apostolischen Initiativen richtete sich auf den Aufbau eines Studentenheims zur Zeit der zweiten spanischen Republik in Madrid. Dieses Studentenheim war als eine Einrichtung gedacht, die den reinen Lehrbetrieb der Universität ergänzen und den Studenten eine ganzheitliche Bildung ermöglichen sollte. Heutzutage bestehen in vielen Ländern derartige Studentenheime. Eine weitere bedeutende Bildungsinitiative ist die Universität von Navarra, deren Großkanzler Msgr. Escrivá war. Sie wurde 1952 gegründet und genießt heute einen internationalen Ruf. Durch ihr besonderes Wohnheimsystem, ihr Bemühen, angelsächsische und romanische Universitätstraditionen zu verbinden, durch den wissenschaftlichen Ernst in Forschung und Lehre sowie die Internationalität von Studentenschaft und Lehrkörper stellt die Universität von Navarra eine Pionierleistung im Hochschulwesen dar.

In dem Interview mit Pilar Salcedo, Chefredakteurin von *Telva,* einer bekannten Frauenzeitschrift in spanischer Sprache, geht Msgr. Escrivá humorvoll auf Probleme ein, denen sich Frau und Familie in der heutigen Gesellschaft gegenübergestellt sehen. Seine Analyse umfaßt nicht nur Grundlagen einer Soziologie der Familie, sondern auch aktuelle Fragen wie das Spannungsverhältnis zwischen beruflichem und privatem Leben, Probleme der Haushaltsführung und der aktiven Teilnahme der Frau am kirchlichen Leben.

Der Leser wird in den Worten von Msgr. Escrivá wahrscheinlich zweierlei entdecken: einen Sinn für das Übernatürliche und menschliche Herzlichkeit. Zwischen den Zeilen taucht ein weiterer Charakterzug auf, der in Gesprächen mit dem Gründer des Opus Dei immer wieder spürbar wurde: seine Liebe zur Freiheit. Sie zeigte sich sowohl in seinem nachdrücklichen Einsatz für die Ideale, an die er glaubte, als auch in seiner besonderen Fähigkeit, Respekt und Verständnis für Mitmenschen aufzubringen, die andere Auffassungen als er selbst vertreten.

SPONTANEITÄT UND PLURALISMUS IM VOLK GOTTES*

Wir möchten mit einer Frage beginnen, die heutzutage die verschiedensten Interpretationen erfährt; wir meinen das Thema des *aggiornamento*. Was ist Ihrer Auffassung nach der richtige Sinn dieses Wortes, wenn man es auf das Leben der Kirche anwendet?

Für mich bedeutet *aggiornamento* vor allem *Treue*. Jemand 1
ist ein um so besserer Ehegatte, Verwalter oder Soldat, je treuer er in jedem Augenblick in den verschiedensten Situationen des Lebens zu den festen Bindungen der Liebe und der Gerechtigkeit steht, die er einmal eingegangen ist. Diese feinfühlige, praktisch gelebte und beständige Treue ist schwer, so wie jede Anwendung von Grundsätzen schwer ist. Sie ist jedoch auch das beste Mittel gegen geistiges Altwerden, Kälte des Herzens und Starrköpfigkeit im Denken.

Ganz das Gleiche gilt für das Leben der Institutionen und in besonderer Weise für das Leben der Kirche, der ja nicht beschränkte, menschliche Pläne zu Grunde liegen, sondern der Ratschluß Gottes. Die Erlösung, das Heil der Welt, ist die Frucht der liebevollen und kindlichen Treue Christi zum Willen des himmlischen Vaters, der ihn gesandt hat, und zusammen mit Christus ist sie auch das Werk unserer Treue. Daher bedeutet *aggiornamento* der Kirche heute, wie zu jeder anderen Epoche, im wesentlichen ein erneuertes, freudiges Ja des Volkes Gottes zu der Sendung, die es erhalten hat, zum Evangelium.

Natürlich kann diese Treue, da sie immer aktuell und allen Lebensumständen der Menschen gegenüber aufgeschlossen sein muß, eine echte, lehrmäßige Weiterentwicklung in der Darle-

* Interview von Pedro Rodríguez, veröffentlicht in *Palabra* (Madrid, Oktober 1967).

gung des *depositum fidei* erforderlich machen und nach Änderungen und Reformen verlangen, durch die die organisatorischen Strukturen sowie die Missions- und Apostolatsmethoden in ihren menschlichen und daher verbesserungsfähigen Elementen erneuert werden. So ist es tatsächlich in der zweitausendjährigen Geschichte der Kirche oft geschehen und gerade jetzt wieder im Zweiten Vatikanischen Konzil. Aber es wäre zumindest oberflächlich zu meinen, *aggiornamento* bedeute hauptsächlich *Änderung*, oder jede Änderung bereits *aggiornamento.* Es genügt hier, daran zu erinnern, daß einige Leute am Rande des Konzils und im Widerspruch zu seiner Lehre am liebsten Änderungen einführen möchten, die das Volk Gottes auf seinem Wege vorwärts, in die Zukunft, um viele Jahrhunderte – zumindest aber auf den Stand des feudalistischen Mittelalters – zurückwerfen würden.

In den Dokumenten des Zweiten Vatikanischen Konzils wird die Kirche sehr oft als „Volk Gottes" bezeichnet. So hat das Konzil die gemeinsame Verantwortung aller Christen für die eine und einzige Sendung innerhalb dieses Volkes Gottes hervorgehoben. Welche Merkmale sollte Ihrer Meinung nach die schon von Pius XII. erwähnte „notwendige öffentliche Meinung in der Kirche" besitzen, damit sie tatsächlich diese gemeinsame Verantwortung widerspiegelt? In welcher Weise wird das Phänomen der „öffentlichen Meinung in der Kirche" durch das besondere Verhältnis berührt, das zwischen Autorität und Gehorsam innerhalb der ekklesialen Gemeinschaft besteht?

2 Ohne Freiheit und Eigenverantwortung gibt es für mich keinen wahrhaft christlichen Gehorsam. Die Kinder Gottes sind keine Steine oder Kadaver, sie sind freie und vernünftige Menschen, die zur gleichen übernatürlichen Ebene emporgehoben sind wie jene, die sie leiten. Aber ohne eine ausreichende christliche Bildung wird niemand in der Lage sein, seinen Verstand und seine Freiheit in rechter Weise zu gebrauchen, um gehorchen zu können, und genau so wenig, um sich eine eigene Meinung zu bilden. Deshalb scheint mir die Frage nach der „in der Kirche

notwendigen öffentlichen Meinung" gleichbedeutend mit der Frage nach einer ausreichenden christlichen Bildung aller Gläubigen. Wohl teilt der Heilige Geist unter den Gliedern des Volkes Gottes, die ja alle mitverantwortlich sind für die Sendung der Kirche, den Reichtum seiner Gaben aus, aber das entbindet niemanden von der Verpflichtung, sich um eine angemessene religiöse Bildung zu bemühen.

Unter „religiöser Bildung" verstehe ich hier die ausreichende Kenntnis eines jeden Gläubigen von der gesamten Sendung der Kirche und von dem besonderen Anteil sowie der sich daraus ergebenden spezifischen Verantwortung, die dem einzelnen innerhalb dieser gesamten Sendung der Kirche zukommt. Darin besteht – so hat auch der Heilige Vater wiederholt gesagt – die gewaltige pädagogische Aufgabe, die die Kirche in der nachkonziliaren Zeit in Angriff nehmen muß. Mir scheint, daß die rechte Lösung der von Ihnen aufgeworfenen Probleme in engem Zusammenhang mit der Bewältigung dieser Bildungsaufgabe gesehen werden muß, und so ist es auch mit der Verwirklichung vieler anderer Hoffnungen, die die Kirche heute hegt. Jedenfalls wird die notwendige öffentliche Meinung innerhalb der Kirche nicht gewährleistet durch die mehr oder weniger *prophetischen* Intuitionen einiger *Charismatiker,* denen es an religiöser Bildung fehlt.

Was die Ausdrucksformen dieser öffentlichen Meinung anbelangt, so bin ich der Ansicht, daß es sich dabei nicht primär um ein Problem der Organisation oder Institutionalisierung handelt. Der Pastoralrat eines Bistums, die Spalten einer Zeitung – auch wenn sie nicht offiziell katholisch ist – oder einfach der persönliche Brief eines Gläubigen an seinen Bischof können in gleicher Weise geeignete Mittel darstellen. Die legitimen Möglichkeiten und Ausdrucksweisen, in denen die Meinung der Gläubigen zu Wort kommen kann, sind vielgestaltig, und es dürfte weder möglich noch wünschenswert sein, diese Vielfalt durch die Schaffung einer neuen Institution in ein Schema zu pressen; schon deshalb nicht, weil sonst die Gefahr bestünde, daß solch eine Institution – was sehr leicht möglich wäre – zum Monopol oder Werkzeug einer kleinen Gruppe *offizieller Katholiken* würde, ganz gleich von welcher Tendenz oder Richtung diese Minderheit auch inspiriert wäre. Ein solcher Mißbrauch brächte das Ansehen der Hierarchie selbst unmittelbar in Gefahr und stellte eine Verhöhnung der übrigen Glieder des Volkes Gottes dar.

Der Begriff „Volk Gottes", den wir vorhin erwähnten, macht den geschichtlichen Charakter der Kirche deutlich als eine Wirklichkeit göttlichen Ursprungs, die sich auf ihrem Weg auch veränderlicher und vergänglicher Mittel bedient. Welche Forderungen ergeben sich aus dieser Tatsache für das Leben der Priester? Welche Charakterzüge in der Gestalt des Priesters, so wie sie vom Dekret *Presbyterorum Ordinis* umrissen wird, würden Sie für unsere Zeit in den Vordergrund stellen?

3 Ich würde einen Wesenszug des priesterlichen Lebens in den Vordergrund stellen, der gerade nicht in jenen Bereich des Veränderlichen und Vergänglichen fällt. Ich meine die vollkommene Einheit, die zwischen der Weihe und der Sendung des Priesters bestehen muß, wie es auch im Dekret *Presbyterorum Ordinis* mehrfach wiederholt wird; oder mit anderen Worten: die vollkommene Einheit zwischen dem persönlichen Leben der Frömmigkeit und der Ausübung des Priesteramtes, zwischen den kindlichen Banden, die den Priester mit Gott, und den pastoralen und brüderlichen, die ihn mit den Menschen verbinden. Ich glaube nicht daran, daß ein Priester in seinem Amt wirksam sein kann, wenn er nicht betet.

In manchen Kreisen des Klerus besteht eine gewisse Unruhe hinsichtlich der Frage, wie der Priester heute in der Gesellschaft gegenwärtig sein soll. Gestützt auf die Lehre des Konzils (Konstitution *Lumen gentium,* Nr. 31; Dekret *Presbyterorum Ordinis,* Nr. 8) gibt es Tendenzen, dieses Problem dadurch zu lösen, daß der Priester sich in das bürgerliche Berufs- und Arbeitsleben einschaltet, etwa nach der Art eines „Arbeiterpriesters". Wir möchten gern Ihre Meinung zu dieser Frage kennenlernen.

4 Lassen Sie mich zunächst sagen, daß ich eine meiner eigenen Meinung entgegengesetzte Auffassung zu dieser Frage durchaus achte, auch wenn ich sie aus vielfachen Gründen nicht für richtig halte, und daß ich die Arbeit jener Menschen, die sich mit viel

apostolischem Eifer persönlich bemühen, diesen ihren Auffassungen gemäß zu handeln, hochschätze und für sie bete.

Ich selbst jedoch bin folgender Ansicht: Wenn das Priestertum in rechter Weise ausgeübt wird – das heißt ohne Schüchternheit und ohne Komplexe, die gewöhnlich ein Zeichen mangelnder menschlicher Reife sind, und ohne klerikale Überheblichkeit, die das Fehlen übernatürlicher Sicht verrät –, dann bietet das Amt des Priesters als solches alle Gewähr dafür, daß der Priester als Mensch in schlichter und glaubwürdiger Weise und ganz legitim in der Gesellschaft unter den Menschen präsent ist, an die er sich richtet. Für gewöhnlich wird das genügen, um mit der Welt der Arbeit in einer lebendigen Gemeinschaft zu stehen, ihre Probleme zu begreifen und an ihrem Schicksal Anteil zu nehmen. Dagegen wird es wohl kaum jemals fruchtbar sein, sich mit Hilfe einer amateurhaft betriebenen beruflichen Arbeit eine Art naiven Passierschein zu verschaffen, denn der Mangel an Echtheit würde einen derartigen Versuch, der zudem aus vielen Gründen das gesunde Empfinden der Laien beleidigen kann, von vornherein zum Scheitern verurteilen. Außerdem nimmt die Seelsorge den Priester – insbesondere bei dem gegenwärtigen Priestermangel – derart in Anspruch, daß sie keine Doppelbeschäftigung zuläßt. Die Menschen brauchen uns so sehr, auch wenn viele von ihnen es nicht wissen, daß wir immer alle Hände voll zu tun haben. Es fehlt an Menschen, an Zeit, an Kräften. Deshalb pflege ich meinen Söhnen im Opus Dei, die Priester sind, zu sagen: wenn sie einmal Zeit übrig hätten, dann könnten sie völlig sicher sein, ihr Priestertum nicht gut gelebt zu haben.

Und bedenken Sie: bei den Priestern des Opus Dei handelt es sich um Leute, die in der Regel, bevor sie die Priesterweihe empfingen, jahrelang als Ingenieure, Ärzte, Arbeiter usw. im bürgerlichen Berufsleben gestanden haben. Jedoch weiß ich von keinem einzigen, der auf die Hilfe des Rechenschiebers, des Stethoskops oder des Preßlufthammers angewiesen wäre, um sich in der Gesellschaft, unter seinen früheren Kameraden und Kollegen, Wertschätzung und Gehör zu verschaffen. Es stimmt, daß sie manchmal, soweit es mit den Verpflichtungen ihres priesterlichen Standes vereinbar ist, ihren Zivilberuf ausüben, aber keineswegs deshalb, weil sie das etwa für notwendig hielten, um ihre „Präsenz in der Gesellschaft" zu garantieren. Ausschlaggebend dafür sind vielmehr andere Motive, wie etwa die Nächstenliebe oder zwingende wirtschaftliche Erfordernisse irgendeines apostolischen Unternehmens. Auch der heilige Paulus hat von Zeit zu Zeit seinen alten Beruf als Zeltmacher ausgeübt, aber nicht darum, weil Ananias ihm in Damaskus etwa geraten hätte, das Zeltmacherhandwerk zu erlernen, um so den Heiden besser das Evangelium verkünden zu können.

Zusammenfassend und ohne damit im geringsten die Rechtmäßigkeit und die gute Absicht irgendeiner apostolischen Initiative in Zweifel zu ziehen: ich halte die Gestalt zum Beispiel des Akademikers oder des Arbeiters, der Priester wird, für echter und mehr dem Sinne des Zweiten Vaticanum entsprechend als die Gestalt des *Arbeiterpriesters.* Abgesehen von seiner Bedeutung im Rahmen einer speziellen seelsorglichen Aufgabe, die immer nötig sein wird, gehört die klassische Gestalt des *Arbeiterpriesters* der Vergangenheit an, einer Zeit, in der die ungeahnten Möglichkeiten des Laienapostolates weithin noch unbekannt waren.

Manchmal werden Vorwürfe gegenüber denjenigen Priestern laut, die zu Problemen zeitlichen und speziell politischen Charakters in konkreter Weise Stellung beziehen. Im Gegensatz zu anderen Zeiten zielen viele dieser Stellungnahmen jedoch auf die Forderungen nach größerer Freiheit, nach sozialer Gerechtigkeit usw. ab. Sicher gehört es – abgesehen von wenigen Fällen – nicht spezifisch zum Amt des Priesters, aktiv in diese Bereiche einzugreifen. Aber glauben Sie nicht, daß der Priester andererseits die Ungerechtigkeit, den Mangel an Freiheit und dergleichen öffentlich als unchristlich verurteilen muß? Wie läßt sich Ihrer Meinung nach beides miteinander vereinbaren?

5 Wenn die Verkündigung des Priesters dem Wesen seines *munus docendi* gerecht werden soll, muß sie sich auf alle christlichen Tugenden ohne Ausnahme erstrecken und auch die konkreten Forderungen und Äußerungen dieser Tugenden in den verschiedenen Lebenssituationen der Menschen, die der Priester anspricht, einbeziehen. So muß er die Menschen dazu führen, die Würde und die Freiheit, mit der Gott die menschliche Person geschaffen hat, sowie die einzigartige übernatürliche Würde, die

dem Christen in der Taufe zuteil wird, hochzuschätzen und zu respektieren.

Einem Priester, der diese Pflicht seines priesterlichen Amtes erfüllt, wird man niemals – es sei denn aus Unwissenheit oder Bosheit – vorwerfen können, er mische sich in politische Sachbereiche ein. Und ebensowenig kann man sagen, daß er bei der Darlegung dieser Lehren in die spezifische apostolische Aufgabe der Laien eingreift, die darin besteht, die zeitlichen Strukturen und Angelegenheiten in christlicher Weise zu ordnen.

In der ganzen Kirche wird heute ein starkes Interesse für die Probleme der sogenannten *Dritten Welt* sichtbar. Eine der Hauptschwierigkeiten in diesem Bereich erwächst bekanntlich aus dem großen Priestermangel, und zwar ganz besonders aus dem Fehlen eines einheimischen Klerus. Was ist Ihre Meinung dazu und welche Erfahrungen haben Sie in dieser Frage gemacht?

Meiner Meinung nach ist die Zunahme des einheimischen Kle- 6
rus tatsächlich von ausschlaggebender Bedeutung, um in vielen Ländern die Entfaltung oder sogar den Fortbestand der Kirche zu sichern, besonders in jenen Ländern, die eine Phase des übersteigerten Nationalismus durchmachen.

Was meine persönliche Erfahrung anbelangt, so muß ich sagen, daß für mich ein ganz besonderer Grund der Dankbarkeit dem Herrn gegenüber darin besteht zu sehen, wie sich Hunderte von Laien aus jetzt schon mehr als sechzig Ländern, in denen der Aufbau eines einheimischen Klerus ein brennendes Problem für die Kirche darstellt, im Opus Dei ausbilden und zum Priestertum gelangen: sicher in der Glaubenslehre, mit universellem Weitblick und eifrig in der Dienstbereitschaft: alle vorbildlicher als ich, ohne Zweifel. Einige von ihnen haben in diesen Ländern auch die Bischofsweihe empfangen und bereits blühende Seminare ins Leben gerufen.

Die Priester sind in eine Diözese eingegliedert und unterstehen ihrem Ortsbischof. Kann es eine Berechtigung dafür geben, daß Priester einer Gemeinschaft angehören, die von der Diözese unabhängig ist oder sogar internationalen Charakter besitzt?

7 Die Berechtigung steht außer Zweifel; denn es handelt sich dabei um nichts anderes als die legitime Wahrnehmung des natürlichen Rechts auf Vereinigungsfreiheit, das die Kirche bei den Klerikern ebenso anerkennt wie bei allen übrigen Gläubigen. Diese jahrhundertealte Tradition (denken Sie nur an die zahlreichen Gemeinschaften, die sich seit jeher um das geistliche Leben der Weltpriester verdient gemacht haben) ist wiederholt durch das Lehramt und durch Anordnungen der letzten Päpste (Pius XII., Johannes XXIII. und Paul VI.) sowie gerade jetzt wieder durch das feierliche Lehramt des Zweiten Vatikanischen Konzils bestätigt worden (vgl. Dekret *Presbyterorum Ordinis,* Nr. 8).

Interessant ist in diesem Zusammenhang die Antwort der zuständigen Konzilskommission auf einen *modus,* in dem angeregt wurde, es solle nur solche priesterliche Vereinigungen geben, die von den Diözesanbischöfen gegründet oder geleitet würden. Mit anschließender Zustimmung des Plenums wies die Kommission dieses Ansinnen zurück und begründete ihre Ablehnung eindeutig damit, daß die auf dem Naturrecht beruhende Vereinigungsfreiheit auch den Klerikern zustehe: *Non potest negari Presbyteris,* heißt es dort, *id quod laicis, attenta dignitate naturae humanae, Concilium declaravit congruum, utpote iuri naturali consentaneum* (Schema Decreti *Presbyterorum Ordinis,* Typis Polyglottis Vaticanis 1965, S. 68).

Kraft dieses Grundrechts können die Priester in aller Freiheit Vereinigungen gründen oder sich bereits bestehenden Vereinigungen anschließen, soweit sie rechtmäßige Ziele verfolgen, die der Würde und den Anforderungen des geistlichen Standes entsprechen. Die Berechtigung und der Umfang der Vereinsfreiheit unter Weltpriestern werden verständlich und die Gefahr der Zweideutigkeit, Unklarheit und Anarchie wird ausgeschlossen, wenn man sich vor Augen hält, daß zwischen der Amtsfunktion und dem privaten Lebensbereich des Priesters ein notwendiger Unterschied besteht, der auch als solcher respektiert werden muß.

8 Der Kleriker und insbesondere der Priester, der durch das Weihesakrament in den *Ordo Presbyterorum* aufgenommen wurde, ist kraft göttlichen Rechts zum Mitarbeiter des bischöflichen Amtes bestellt. Im Falle der Diözesanpriester wird dieser Dienst gemäß einer Vorschrift des Kirchenrechts näher umschrieben, einerseits durch die Inkardination, die den Priester

für den Dienst in einer Ortskirche unter der Autorität des entsprechenden Bischofs bestimmt, und andererseits durch die *missio canonica,* die dem Priester innerhalb des einen Presbyteriums, dessen Haupt der Bischof ist, ein konkretes Amt zuweist. Es steht also außer Zweifel, daß der Priester durch ein sakramentales und juristisches Band von seinem Bischof abhängig ist. Diese Abhängigkeit erstreckt sich auf alles, was in Zusammenhang steht mit der Zuweisung seiner konkreten seelsorglichen Aufgabe, mit den lehramtlichen und disziplinären Richtlinien, die er für die Ausübung seines Amtes erhält, mit der gerechten und angemessenen wirtschaftlichen Vergütung und schließlich mit den pastoralen Anweisungen, die der Bischof gibt, um die Seelsorge und den Gottesdienst zu regeln und um die allgemeinrechtlichen Vorschriften durchzuführen, die sich auf die Rechte und Pflichten des geistlichen Standes beziehen.

Aber neben diesen notwendigen Banden der Abhängigkeit als dem rechtlichen Ausdruck des Gehorsams, der Einheit und der seelsorglichen Gemeinschaft, die der Priester in feinfühliger Art und Weise seinem Bischof gegenüber leben muß, gibt es im Leben des Weltpriesters auch einen persönlichen Bereich der Unabhängigkeit, der Freiheit und Eigenverantwortlichkeit, in dem er genau die gleichen Rechte und Pflichten besitzt wie die übrigen Glieder der Kirche. Darin unterscheidet sich seine Situation in gleicher Weise von der Rechtslage etwa des Minderjährigen (vgl. can 89 des CIC) wie von der des Ordensmannes, welcher kraft seines Ordensgelübdes auf die Ausübung aller oder einiger dieser persönlichen Rechte verzichtet.

Der Weltpriester kann daher innerhalb der allgemeinen Grenzen der Moral und seiner Standespflichten als einzelner oder in Gemeinschaft frei über alles bestimmen und entscheiden, was sein persönliches, geistliches, kulturelles und wirtschaftliches Leben anbelangt. Jedem einzelnen steht es frei, sich seinen Neigungen und Talenten entsprechend kulturell weiterzubilden; jedem einzelnen steht es frei, gesellschaftliche Kontakte zu pflegen und sein Leben so einzurichten, wie er es für richtig hält, soweit er nur seine Amtspflichten in rechter Weise erfüllt; jedem einzelnen steht es frei, über sein persönliches Eigentum zu verfügen, so wie er es vor seinem Gewissen für angemessen erachtet, und mit noch viel mehr Grund steht es jedem einzelnen frei, in seinem geistlichen und asketischen Leben und in seiner Frömmigkeit den Eingebungen des Heiligen Geistes zu folgen und unter den vielen Mitteln, die die Kirche empfiehlt oder erlaubt, diejenigen auszuwählen, die ihm für seine persönlichen Umstände angebracht erscheinen.

Gerade im Zusammenhang mit dem letzten Punkt hat das Zweite Vaticanum – und jetzt wieder Papst Paul VI. in seiner Enzyklika *Sacerdotalis coelibatus* – jene Vereinigungen gelobt und empfohlen, die den Priestern bei dem Streben nach Heiligkeit in der Ausübung des eigenen Amtes helfen wollen. Soweit ihre Statuten von der zuständigen kirchlichen Hierarchie anerkannt worden sind, können diese Vereinigungen gleichermaßen auf diözesaner oder interdiözesaner, auf nationaler oder übernationaler Ebene arbeiten. Ihre Existenz kann und darf – wie ich bereits gesagt habe – niemals nachteilige Auswirkungen haben für das Band der Gemeinschaft und Abhängigkeit, das jeden Priester mit seinem Bischof verbindet, für die brüderliche Gemeinschaft mit den übrigen Gliedern des Presbyteriums oder für die Wirksamkeit der priesterlichen Arbeit im Dienste der eigenen Ortskirche.

Die Aufgabe des Laien erstreckt sich nach der Lehre des Konzils gleichermaßen auf Kirche und Welt. Diese Tatsache wird häufig deshalb nicht richtig verstanden, weil man sich auf den einen oder den anderen der beiden Bereiche beschränkt. Wie würden Sie die Aufgaben umschreiben, die dem Laien einerseits in der Kirche und andererseits in der Welt zufallen?

9 Ich bin keineswegs der Ansicht, daß man hier von zwei verschiedenen Aufgaben sprechen kann; denn der spezifische Anteil des Laien an der Sendung der Kirche besteht ja gerade darin, die irdischen Dinge, die zeitliche Ordnung, mit einem Wort, die Welt *von innen heraus,* direkt und unmittelbar, zu heiligen.

Abgesehen von dieser Aufgabe, die dem Laien in spezifischer Weise eigen ist, besitzt er in seiner juristischen Eigenschaft als *Gläubiger* – genauso wie die Priester und Ordensleute – auch grundlegende Rechte, Pflichten und Fähigkeiten, die sich auf den innerkirchlichen Bereich beziehen. Hierher gehören zum Beispiel die aktive Teilnahme an der Liturgie der Kirche, die Fähigkeit, unmittelbar am Apostolat der Hierarchie mitzuwirken oder diese in ihren seelsorglichen Aufgaben zu beraten, wenn man dazu aufgefordert wird.

Aber die spezifische Aufgabe, die ihm in seiner Eigenschaft als *Laie,* und die generelle oder gemeinsame Aufgabe, die ihm als *Gläubiger* zukommt, sind keineswegs einander entgegengesetzt und miteinander unvereinbar, sondern sie überlagern und ergänzen sich gegenseitig. Nur die spezifische Aufgabe des Laien in den Vordergrund zu stellen, ohne gleichzeitig seine Eigenschaft als Gläubiger zu berücksichtigen, wäre ebenso widersinnig, wie wenn man sich einen grünen, blühenden Zweig vorstellen wollte, der zu keinem Baum gehört. Vergißt man dagegen die spezifische und eigentliche Aufgabe des Laien oder begreift man nicht die Eigenart seines weltlichen Apostolats und dessen ekklesialen Wert, so hat man den weitausladenden Baum der Kirche auf den Zustand eines monströsen, nackten Stammes reduziert.

> Seit vielen Jahren sagen und schreiben Sie immer wieder, daß die Berufung des Laien durch eine Dreiheit gekennzeichnet ist, nämlich „die Arbeit zu heiligen, sich selbst in der Arbeit zu heiligen und die anderen durch die Arbeit zu heiligen". Könnten Sie uns erklären, was Sie genau darunter verstehen, wenn Sie sagen: „die Arbeit heiligen"?

Mit wenigen Worten läßt sich das schwer darlegen, denn darin 10
sind grundlegende Aspekte der Theologie der Schöpfung eingeschlossen. Seit vierzig Jahren wiederhole ich ständig, daß ein Christ jede rechtschaffene menschliche Arbeit, ganz gleich ob sie nun intellektueller oder handwerklicher Art ist, mit der größtmöglichen Vollkommenheit verrichten sollte: mit menschlicher Vollkommenheit, das heißt mit beruflichem Sachverstand, und mit christlicher Vollkommenheit, das heißt aus Liebe zum Willen Gottes und in der Bereitschaft, den Mitmenschen zu dienen. Denn wenn sie so verrichtet wird, dann trägt diese menschliche Arbeit, mag sie auch noch so niedrig und unbedeutend erscheinen, dazu bei, die zeitlichen Gegebenheiten in christlicher Weise zu gestalten, das heißt ihre übernatürliche Dimension zu offenbaren. Die Arbeit wird so aufgenommen und einverleibt in das wunderbare Werk der Schöpfung und der Erlösung; sie wird zur

übernatürlichen Ebene der Gnade emporgehoben, wird geheiligt und verwandelt sich in Werk Gottes, in *operatio Dei,* in *opus Dei.*

Wenn wir den Christen die herrlichen Worte der Genesis ins Gedächtnis rufen, daß Gott den Menschen geschaffen hat, damit er arbeite, dann haben wir dabei besonders das Beispiel Christi vor Augen, der fast sein ganzes Leben auf Erden damit verbracht hat, als Handwerker in einem kleinen Dorf zu arbeiten. Wir lieben die Arbeit, denn Christus hat sie als Lebensform erwählt, bejaht und geheiligt. Wir sehen in der Arbeit, in dem guten schöpferischen Mühen des Menschen, nicht nur einen der höchsten menschlichen Werte, ein unersetzliches Mittel für den Fortschritt der Gesellschaft und für eine gerechtere Ordnung der zwischenmenschlichen Beziehungen; wir sehen in ihr zugleich auch ein Zeichen der Liebe Gottes zu seinen Geschöpfen und ein Zeichen unserer Liebe zu den Mitmenschen und zu Gott: So ist sie Mittel der persönlichen Vervollkommnung und Weg der Heiligkeit.

Und daher war es von Anfang an das einzige Ziel des Opus Dei, dazu beizutragen, daß es mitten in der Welt, mitten in den irdischen, innerweltlichen Wirklichkeiten und Aufgaben Männer und Frauen aller Rassen und sozialen Schichten gibt, die sich darum bemühen, in ihrer alltäglichen Arbeit und durch sie Gott und ihre Mitmenschen zu lieben und ihnen zu dienen.

Das Dekret *Apostolicam actuositatem* (Nr. 5) hat eindeutig bestätigt, daß es der Kirche als Ganzes zukommt, die zeitliche Ordnung mit dem Geist des Evangeliums zu durchdringen. Diese Aufgabe geht also alle an: die Hierarchie, den Klerus, die Ordensleute und die Laien. Könnten Sie uns sagen, welche Bedeutung und welche spezifischen Funktionen Ihrer Meinung nach jedem einzelnen dieser ekklesialen Bereiche bei der Erfüllung der einen, gemeinsamen Aufgabe zukommt?

11 Die Antwort darauf findet sich eigentlich in den Konzilstexten selbst. Als Teil ihres Lehramtes ist es Aufgabe der Hierarchie, die dogmatischen Grundsätze aufzuzeigen, nach denen sich das apostolische Wirken ausrichten und orientieren muß

(vgl. Konstitution *Lumen gentium,* Nr. 28; *Gaudium et spes,* Nr. 43; Dekret *Apostolicam actuositatem,* Nr. 24).

Es ist die spezifische Aufgabe der Laien, die ja mitten in allen typisch weltlichen Strukturen und Lebensumständen arbeiten, diese zeitlichen Wirklichkeiten im Licht der dogmatischen Grundsätze, die das Lehramt dargelegt hat, *unmittelbar und entschieden* zu gestalten. Dabei sollen sie aber in den konkreten Entscheidungen ihres gesellschaftlichen, familiären, politischen und kulturellen Lebens mit der notwendigen persönlichen Autonomie handeln (vgl. Konstitution *Lumen gentium,* Nr. 31; Konstitution *Gaudium et spes,* Nr. 43; Dekret *Apostolicam actuositatem,* Nr. 7).

Die Ordensleute dagegen trennen sich von der Welt und wählen einen anders gearteten Lebensstand. Ihre Sendung besteht darin, vor den Augen aller eschatologisches Zeugnis abzulegen, welches den übrigen Gliedern des Gottesvolkes in Erinnerung ruft, daß sie hier auf Erden keine bleibende Stätte haben (vgl. Konstitution *Lumen gentium,* Nr. 44; Dekret *Perfectae caritatis,* Nr. 5). Allerdings darf man auch nicht vergessen, daß die zahlreichen Werke der Wohltätigkeit, der Nächstenliebe und der Sozialhilfe, in denen so viele Ordensmänner und Ordensfrauen in selbstlosem Opfergeist tätig sind, einen bedeutenden Dienst an der christlichen Durchdringung des Zeitlichen darstellen.

„Würde und Freiheit der Kinder Gottes" sind ja ein allgemeines Merkmal jedes christlichen Lebens, unabhängig von dem Weg, auf dem es verwirklicht wird. Worauf wollen Sie besonders hinweisen, wenn Sie in Ihrer Verkündigung immer wieder so nachdrücklich für die Freiheit der Laien eintreten?

Ich will gerade auf die persönliche Freiheit der Laien hinweisen, im Einklang mit den vom Lehramt verkündeten Grundsätzen alle konkreten Entscheidungen theoretischer oder praktischer Natur – zum Beispiel im Hinblick auf die verschiedenen philosophischen, wirtschaftlichen oder politischen Meinungen, auf künstlerische und kulturelle Ansichten, auf die Probleme des beruflichen und gesellschaftlichen Lebens – so zu treffen, wie ein jeder es vor seinem Gewissen für richtig hält, und wie es seinen 12 persönlichen Überzeugungen und Neigungen am besten entspricht.

Dieser notwendige Bereich der Autonomie muß von uns, die wir in der Kirche das Amtspriestertum ausüben, immer sorgfältig respektiert werden, denn andernfalls wäre der katholische Laie im Vergleich mit seinen Mitmenschen ein *Bevormundeter* und könnte seine apostolische Aufgabe inmitten der zeitlichen Wirklichkeiten nicht wirksam erfüllen. Wollte man versuchen, die Laien zu *instrumentalisieren,* um Zwecke zu erreichen, die die Zuständigkeiten des hierarchischen Amtes überschreiten, dann fiele man einem anachronistischen und peinlichen *Klerikalismus* anheim; eine derartige Verurteilung zur ständigen Unmündigkeit würde die apostolischen Möglichkeiten der Laien ungeheuer beschränken, und vor allem würde man so – besonders heute – Autorität und Einheit der Kirche selbst in Gefahr bringen. Wir dürfen nie vergessen, daß – auch unter Katholiken – ein gesunder Pluralismus der Meinungen und Urteile in allen Angelegenheiten, die Gott der freien Diskussion der Menschen überlassen hat, nicht nur mit der hierarchischen Ordnung und der notwendigen Einheit des Volkes Gottes völlig im Einklang steht, sondern sie sogar stärkt und vor möglichen Verfälschungen bewahrt.

Die Berufung des Laien und des Ordensmannes sind, obwohl ihnen natürlich die eine christliche Berufung zugrunde liegt, in ihrer praktischen Verwirklichung grundlegend voneinander verschieden. Ist es möglich, daß die Ordensleute zum Beispiel in ihren Schulen den gewöhnlichen Christen trotzdem eine wahrhaft laikale Bildung vermitteln?

13 Das wird insoweit möglich sein, als die Ordensleute, deren verdienstvolle Arbeit im Dienst der Kirche ich aufrichtig bewundere, sich bemühen, wirklich die Merkmale und Anforderungen zu begreifen, die die Berufung des Laien zur Heiligkeit und zum Apostolat in der Welt mit sich bringt, und insoweit sie bereit und in der Lage sind, ihre Schüler in diesem Geist zu unterrichten.

Wenn vom Laienstand die Rede ist, wird die Bedeutung der Frau und damit die Rolle, die ihr in der Kirche zukommt, oft außer acht gelassen. Ebenso pflegt man von einem „sozialen Aufstieg der Frau" nur hinsichtlich ihrer Tätigkeit im öffentlichen Leben zu sprechen. Worin sehen Sie die Aufgabe der Frau in der Kirche und in der Welt?

Für mich gibt es keinen einsichtigen Grund, weshalb man be- 14
züglich der Frau Unterscheidungen treffen sollte, wenn vom Laienstand, von seiner apostolischen Aufgabe, seinen Rechten, seinen Pflichten usw. die Rede ist. Alle Getauften, ob sie nun Männer oder Frauen sind, besitzen ohne Unterschied die gleiche Würde, Freiheit und Verantwortung der Kinder Gottes. Wie bereits der heilige Paulus die ersten Christen lehrte, besteht in der Kirche eine radikale und grundlegende Einheit: *Quicumque enim in Christo baptizati estis, Christum induistis. Non est Judaeus, neque Graecus; non est servus, neque liber; non est masculus, neque femina* (Gal 3,27–28); da gilt nicht mehr Jude oder Heide, nicht mehr Knecht oder Freier, nicht mehr Mann oder Frau.

Abgesehen von der juristischen Fähigkeit zum Empfang der heiligen Weihen – hier ist meiner Meinung nach aus vielen Gründen, auch aus Motiven des positiven göttlichen Rechts, eine Unterscheidung aufrechtzuerhalten – müssen der Frau in der Gesetzgebung, im inneren Leben und apostolischen Wirken der Kirche die gleichen Rechte und Pflichten zuerkannt werden wie dem Mann: das Recht also, Apostolat auszuüben, Vereinigungen zu gründen und zu leiten, das Recht, in allem, was das Wohl der Kirche anbelangt, verantwortungsbewußt ihre Meinung zu äußern usw. Theoretisch ist das zwar alles leicht zu bejahen, wenn man die klaren theologischen Gründe betrachtet, die dafür sprechen; ich weiß jedoch, daß man damit in der Praxis bei einer gewissen Mentalität noch auf erheblichen Widerstand stößt. So erinnere ich mich noch gut an das Staunen, ja an die Kritik mancher gegenüber dem Bemühen des Opus Dei, auch den Frauen, die dem weiblichen Zweig unserer Vereinigung angehören, den Erwerb von akademischen Graden in den theologischen Fächern zu ermöglichen. Heute dagegen versucht man uns hierin wie in so vielen anderen Dingen nachzuahmen.

Meiner Ansicht nach werden diese Widerstände und dieses

Zögern jedoch nach und nach verschwinden. Denn letztlich geht es nur um die Erfassung des ekklesiologischen Sachverhalts, daß die Kirche eben nicht nur aus Priestern und Ordensleuten besteht, sondern daß auch die Laien – Männer und Frauen – Volk Gottes sind und kraft göttlichen Rechts eine eigenständige Aufgabe und Verantwortlichkeit besitzen.

Jedoch möchte ich noch zu bedenken geben, daß gerade die wesenhafte Gleichheit zwischen Mann und Frau Verständnis für ihre sich gegenseitig ergänzende Rolle im Dienst an der Kirche und am Fortschritt der Gesellschaft verlangt, denn schließlich hat Gott den Menschen nicht umsonst als Mann und Frau erschaffen. Diese Verschiedenheit darf man nicht in einem *patriarchalischen* Sinn verstehen, sondern muß sie in ihrer ganzen Tiefe, mit all ihren Schattierungen und Konsequenzen begreifen lernen. So wird der Mann von der Versuchung befreit, der Kirche und der Gesellschaft ein rein *männliches* Gepräge zu geben, und die Frau vor der Gefahr bewahrt, ihre Aufgabe im Volk Gottes und in der Welt nur darin zu sehen, auf gewisse Tätigkeiten Anspruch zu erheben, die bisher dem Mann vorbehalten waren, obwohl die Frau sie ebensogut wahrnehmen kann. Mir scheint also, daß sich sowohl der Mann als auch die Frau – indem sie sich gegenseitig ergänzen – ganz zu Recht als Hauptfiguren in der Heilsgeschichte betrachten müssen.

Es ist bekannt, daß Ihr Buch „Der Weg“, obwohl es in seiner ersten Fassung bereits im Jahre 1934 veröffentlicht wurde, viele Gedanken enthält, die jetzt vom Zweiten Vaticanum aufgegriffen worden sind, während sie damals von einigen Leuten als „häretisch“ angesehen wurden. Was können Sie uns dazu sagen? Um welche Punkte handelt es sich?

15 Wenn Sie mir erlauben, werden wir darüber später einmal ausführlich sprechen. Jetzt möchte ich nur sagen, daß ich dem Herrn dafür dankbar bin, daß er sich auch dieses kleinen Buches bedient hat, das in so vielen Sprachen aufgelegt wurde und in jetzt schon mehr als zweieinhalb Millionen Exemplaren verbreitet ist, um in das Leben von Menschen so vieler Völker und Sprachen jene christlichen Wahrheiten hineinzutragen, die jetzt das

Zweite Vatikanische Konzil bestätigt hat, und um Millionen von Christen und Nichtchristen Freude und inneren Frieden zu bringen.

Wir wissen, daß Sie sich seit vielen Jahren in besonderer Weise um die geistliche und menschliche Betreuung der Priester, insbesondere der Weltpriester, gekümmert haben. Diese Sorge hat, solange es Ihnen möglich war, ihren Ausdruck in einer intensiven Arbeit der Seelsorge und der geistlichen Leitung für Weltpriester gefunden sowie von einem gewissen Zeitpunkt an auch in der Möglichkeit, daß Weltpriester, die sich dazu berufen fühlen, dem Werk angehören können, ohne dadurch in irgendeiner Weise die Zugehörigkeit zur Diözese und die Abhängigkeit von ihrem Bischof zu verändern. Wir möchten gerne wissen, welche Umstände im Leben der Kirche, abgesehen von sonstigen Gründen, den Anlaß für Ihre Sorgen gaben. Können Sie uns darüber hinaus sagen, wie diese Arbeit dazu beitragen kann, einige Probleme des Weltklerus oder des kirchlichen Lebens zu lösen?

Der Anlaß zu dieser meiner Sorge und zu dieser Arbeit des 16
Werkes, die bereits zu einer festen Einrichtung geworden ist, liegt nicht in mehr oder weniger vorübergehenden Umständen im Leben der Kirche. Sie entspringen vielmehr überzeitlichen Erfordernissen geistlicher und menschlicher Art, die untrennbar mit dem Leben und der Arbeit des Weltpriesters verbunden sind. Ich denke vor allem an die Hilfe, die der Weltpriester braucht – eine Spiritualität und konkrete Mittel, die in keiner Weise seine Stellung in der Diözese verändern –, um in der Ausübung seines Amtes nach persönlicher Heiligkeit zu streben. Nur so wird es ihm möglich sein, mit jugendlichem Schwung und wachsender Großzügigkeit der Gnade seiner göttlichen Berufung zu entsprechen, und nur so wird er klug und rasch der Gefahr geistlicher und psychologischer Krisen begegnen können, die sich leicht aus den verschiedenen Lebensumständen ergeben: aus der Einsamkeit, den Widerständen des Milieus, der Gleichgültigkeit, der vermeintlichen Erfolglosigkeit in der Arbeit, der Routine, der Erschöpfung, aus mangelnder Sorge um die Erhaltung

und Erweiterung der intellektuellen Bildung und schließlich – und hier liegt der tiefste Grund für Gehorsamskrisen und mangelnde Einheit – aus einer wenig übernatürlichen Sicht im Verhältnis zum eigenen Bischof, ja selbst zu den anderen Mitbrüdern.

Die Diözesanpriester, die sich in legitimer Wahrnehmung ihrer Vereinigungsfreiheit der Priesterlichen Gesellschaft vom Heiligen Kreuz[1] anschließen, tun das einzig und allein deshalb, weil sie eine persönliche geistliche Hilfe suchen, die mit den Verpflichtungen ihres Standes und ihres Amtes voll und ganz vereinbar ist; wäre sie das nicht, so bedeutete diese vermeintliche Hilfe nur Komplikation, Ballast, Unordnung.

Denn es ist ein wesentliches Merkmal der Spiritualität des Opus Dei, daß niemand von der Stelle entfernt wird, an der er steht – *unusquisque in qua vocatione vocatus est, in ea permaneat* (1 Kor 7,20) –, sondern jeder die Aufgaben und Pflichten des ihm eigenen Standes, seines konkreten Auftrags in der Kirche und in der Gesellschaft, so vollkommen wie möglich erfüllt. Dadurch, daß ein Weltpriester sich dem Opus Dei anschließt, ändert oder verläßt er nicht im geringsten seine diözesane Berufung, das heißt seine Hingabe im Dienst der eigenen Diözese, die volle Abhängigkeit von seinem Bischof, seine säkulare Spiritualität, seine Verbundenheit mit den anderen Priestern. Er verpflichtet sich vielmehr dazu, seiner Berufung immer vollkommener zu entsprechen, weil er davon überzeugt ist, daß er seine christliche Vollkommenheit gerade in der Ausübung seines priesterlichen Amtes, eben als Weltpriester, suchen muß.

Es würde hier zu weit führen, die zahlreichen praktischen Konsequenzen juristischer und asketischer Art aufzuzählen, die sich für unsere Vereinigung aus diesem Grundsatz ergeben. Um nur ein Beispiel anzuführen: Im Gegensatz zu anderen Vereinigungen, in denen ein Gelübde oder Versprechen des Gehorsams

[1] Die Priesterliche Gesellschaft vom Heiligen Kreuz ist eine Vereinigung, die mit der Prälatur untrennbar verbunden ist. Sie besteht aus den im Opus Dei inkardinierten Priestern sowie aus Priestern und Diakonen verschiedener Diözesen. Sie gehören nicht zum Klerus der Prälatur, sondern zum Presbyterium ihrer jeweiligen Diözese und unterstehen ausschließlich ihrem eigenen Ordinarius. Der Priesterlichen Gesellschaft vom Heiligen Kreuz treten sie bei, um sich gemäß der Spiritualität und Aszese des Opus Dei zu heiligen. Der Prälat des Opus Dei ist zugleich Generalpräsident der Priesterlichen Gesellschaft vom Heiligen Kreuz.

gegenüber internen Vorgesetzten verlangt wird, besteht die Abhängigkeit der Weltpriester, die sich dem Opus Dei anschließen, nicht in einem Verhältnis wie zwischen Untergebenen und Vorgesetzten – es gibt für sie keine interne Hierarchie und damit auch nicht die Gefahr einer doppelten Gehorsamsbindung –, sondern eher in einer vom freien Willen bestimmten Beziehung geistlicher Hilfe und geistlichen Beistandes.

Was diese Priester im Opus Dei finden, ist vor allem die von ihnen gewünschte beständige asketische Hilfe, die auf einer Spiritualität säkularen und diözesanen Charakters beruht und von eventuellen persönlichkeits- und umstandsbedingten Veränderungen in ihrer Diözese unabhängig ist. So suchen sie neben der kollektiven geistlichen Führung, die der Bischof durch Ansprachen, Hirtenbriefe, Gespräche, Anweisungen usw. erteilt, eine persönliche geistliche Leitung, die dauerhaft und intensiv ist, ganz gleich, wo sie sich befinden. Diese persönliche Leitung ergänzt die allgemeine des Bischofs, deren Respektierung immer als ernste Pflicht angesehen wird. Das Zweite Vatikanische Konzil und das ordentliche Lehramt empfehlen sie dringend, denn sie bedeutet für den Priester Rückhalt und Hilfe in seinem inneren Leben, seiner Hirtensorge, seiner ständigen Weiterbildung, seinem Eifer für das Apostolat der Diözese, in seiner Liebe und seinem Gehorsam dem Bischof gegenüber, in seiner Sorge um die Priesterberufungen und das Seminar usw.

Für mich als Weltpriester ist es eine ganz besondere Freude, daß die Früchte dieser Arbeit allein den Diözesen zufallen, in denen diese Priester ihren Dienst versehen. Oft habe ich die Genugtuung gehabt zu sehen, mit welcher Liebe der Papst und die Bischöfe diese Arbeit segnen, wünschen und fördern.

Bei verschiedenen Gelegenheiten haben Sie im Zusammenhang mit dem Beginn des Opus Dei gesagt, Sie hätten damals nichts anderes besessen als „Jugend, Gnade Gottes und gute Laune". In den zwanziger Jahren hatte die Theologie des Laienstandes bei weitem noch nicht die heutige Entfaltung erreicht. Das Opus Dei ist jedoch bereits eine spürbare Wirklichkeit im Leben der Kirche. Können Sie uns erklären, wieso Sie schon als junger Priester die nötige Einsicht besaßen, um dieses Werk verwirklichen zu können?

17 Mein einziges Bemühen bestand und besteht darin, den Willen Gottes zu erfüllen. Gestatten Sie mir, daß ich nicht auf weitere Einzelheiten im Zusammenhang mit dem Anfang des Werkes – das die Liebe des Herrn mich seit dem Jahre 1917 *vorausahnen* ließ – eingehe, denn sie sind untrennbar mit meiner eigenen persönlichen Geschichte verbunden und gehören in den Bereich meines inneren Lebens. Ich möchte nur sagen, daß ich immer mit der Genehmigung und dem wohlwollenden Segen des Bischofs von Madrid gehandelt habe, wo das Opus Dei am 2. Oktober 1928 entstand. Und auch später haben wir uns immer der Gutheißung und der Ermutigung des Heiligen Stuhles sowie der Bischöfe der Diözesen, in denen wir arbeiten, erfreut.

Aufgrund der Tatsache, daß Laien, die dem Opus Dei angehören, einflußreiche Stellungen in der spanischen Gesellschaft bekleiden, spricht man ab und zu von einem Einfluß des Opus Dei in Spanien. Könnten Sie uns erklären, worin dieser Einfluß besteht?

18 Mich stört alles, was irgendwie nach Eigenlob aussehen könnte. Andrerseits segnet der Herr so großzügig unsere Arbeit, daß ich meine, es wäre keine Demut, sondern Blindheit und Undankbarkeit ihm gegenüber, wollte man nicht anerkennen, daß das Opus Dei tatsächlich einen Einfluß in der spanischen Gesellschaft ausübt. Es ist selbstverständlich, daß das Opus Dei in den Ländern, in denen es schon seit vielen Jahren arbeitet, einen Einfluß mit sozialen Auswirkungen hat, der mit der fortschreitenden Ausbreitung der Arbeit parallel geht. Und in Spanien arbeitet das Opus Dei schon seit neununddreißig Jahren, denn es war der Wille Gottes, daß es dort entstand.

Welcher Art ist nun dieser Einfluß? Das Opus Dei ist eine Vereinigung mit rein religiöser und apostolischer Zielsetzung, und sein Einfluß kann daher – in Spanien genauso wie in allen anderen Ländern auf den fünf Kontinenten, in denen wir arbeiten – offensichtlich ebenfalls nur religiöser und apostolischer Natur sein. Ebenso wie die Kirche als Ganzes die Welt beseelt, so hat auch der Einfluß des Opus Dei auf die Gesellschaft keinen zeitlichen – etwa sozialen, politischen oder wirtschaftlichen – Charakter, wenngleich er natürlich auf die ethischen Aspekte allen menschlichen Tuns ausstrahlt. Dieser Einfluß gehört vielmehr einer anderen, höheren Ebene an, und er läßt sich am besten mit dem Wort *Heiligung* bezeichnen.

Und damit sind wir bei den Mitgliedern des Opus Dei, die Sie einflußreich nennen. Für eine Vereinigung mit politischer Zielsetzung sind diejenigen ihrer Mitglieder *einflußreich*, die einen Sitz im Parlament oder im Ministerrat einnehmen. Eine kulturelle Vereinigung wird diejenigen Mitglieder als *einflußreich* betrachten, die Philosophen von bedeutendem Ruf, Literaturpreisträger oder ähnliches sind. Wenn sich eine Vereinigung jedoch vornimmt, die gewöhnliche Arbeit, sei sie nun handwerklich oder intellektuell, zu heiligen – wie das beim Opus Dei der Fall ist –, dann muß sie offensichtlich alle ihre Mitglieder als einflußreich betrachten, weil alle arbeiten (im Opus Dei kommt der allgemeinen menschlichen Pflicht zur Arbeit eine besondere juristische und asketische Bedeutung zu) und weil sich alle bemühen, ihre Arbeit – *welcher Art auch immer* – heiligmäßig, mit christlicher Gesinnung und mit dem Streben nach Vollkommenheit, zu verrichten. Deshalb ist für mich das Zeugnis eines meiner Söhne, der Bergarbeiter ist, unter seinen Kollegen ebenso *einflußreich*, bedeutend und notwendig wie das Zeugnis des Rektors einer Universität unter den übrigen Professoren des akademischen Senats.

Woher stammt also der Einfluß des Opus Dei? Eine einfache soziologische Betrachtung macht das klar: Unserer Vereinigung gehören Menschen aller sozialen Schichten, Berufe, Altersstufen und Lebensstände an: Männer und Frauen, Kleriker und Laien, Alte und Junge, Ehelose und Verheiratete, Studenten, Arbeiter, Bauern, Angestellte, freiberuflich Tätige, Beamte usw. Haben Sie einmal darüber nachgedacht, was für eine Ausstrahlungskraft des Christlichen von einem derart weiten und vielgestaltigen Personenkreis ausgeht, insbesondere wenn er mehrere zehntausend Menschen umfaßt, die – gleich in welchem sozialen Milieu sie sich bewegen – von demselben apostolischen Eifer beseelt sind, ihre Arbeit zu heiligen, sich in dieser Arbeit zu heiligen und andere durch die Arbeit zu heiligen?

Zu dem persönlichen Apostolat kommt die wachsende Zahl unserer apostolischen Einrichtungen hinzu: Studentenheime, Tagungshäuser, die Universität von Navarra, Bildungszentren für Arbeiter und Landwirte, technische Institute, Gymnasien,

Hauswirtschaftsschulen usw. All diese Unternehmungen sind zweifellos Brennpunkte christlichen Geistes, von Laien ins Leben gerufen und geleitet. *Dies ist ihre berufliche Arbeit als Staatsbürger, die ihren Berufskollegen in allem gleich sind.* Solche Einrichtungen stehen Menschen aller sozialen Schichten offen und haben dazu beigetragen, daß weite Kreise der Gesellschaft sich deutlicher der Notwendigkeit bewußt werden, auf die Fragen von Arbeit und Beruf eine christliche Antwort zu geben.

All das verleiht dem Opus Dei in sozialer Hinsicht Gewicht und Bedeutung. Nicht darauf kommt es an, daß einige seiner Mitglieder menschlich gesehen *einflußreiche* Ämter bekleiden; dies interessiert uns nicht im geringsten und ist Sache der freien, persönlichen Entscheidung. Worauf es ankommt, ist, daß alle Mitglieder des Werkes – und dank der Güte Gottes sind es viele – sich einer Arbeit widmen, die, mag sie auch noch so bescheiden sein, in übernatürlicher Hinsicht einflußreich ist. Und das leuchtet ein, denn wer könnte etwa behaupten, daß der *Einfluß* der Kirche in den Vereinigten Staaten erst mit dem Tag begann, an dem der Katholik John F. Kennedy zum Präsidenten gewählt wurde?

Sie haben ab und zu gesagt, das Opus Dei sei eine „desorganisierte Organisation". Können Sie unseren Lesern den Sinn dieser Formulierung erklären?

19 Damit will ich sagen, daß für uns die *persönliche apostolische Spontaneität* und die freie und verantwortliche, vom Wirken des Heiligen Geistes geleitete Initiative von grundlegender und erstrangiger Bedeutung sind. Das ist uns wichtiger als durchstrukturierte Organisation, taktische Weisungen und Pläne von oben.

Ein Mindestmaß an Organisation besteht selbstverständlich: Es gibt eine zentrale Leitung mit Sitz in Rom, die immer kollegial ist, und in den einzelnen Ländern ebenfalls kollegial handelnde Leitungsorgane, an deren Spitze ein Consiliarius[2] steht. Aber die gesamte Tätigkeit dieser Organe beschränkt sich praktisch dar-

[2] Es sei an die Einleitung zu diesem Buch erinnert. Einige Antworten, die sich auf juristische und organisatorische Aspekte beziehen, konnten noch nicht die Begrifflichkeit benutzen, die die Errichtung als Personalprälatur im Jahre 1982 mit sich brachte.

auf, den Mitgliedern des Werkes die notwendige geistliche Hilfe für ihr religiöses Leben sowie eine angemessene geistliche, theologische und menschliche Formung zu vermitteln. Dann aber gilt der Spruch *Enten ins Wasser!* den ich gern benutze: Christen, heiligt alle Wege der Menschen, denn alle sind gezeichnet von den Spuren Gottes.

An diesem Punkt hat die Vereinigung als solche ihre Aufgabe beendet, das heißt jene Tätigkeit, um deretwillen sich die Mitglieder des Opus Dei dem Werk anschließen. Sie braucht keine weitere Anweisung mehr zu geben, noch soll und darf sie das tun; denn hier beginnt das freie, eigenverantwortliche, persönliche Wirken jedes einzelnen Mitglieds. Jeder einzelne handelt mit apostolischer Spontaneität und absoluter persönlicher Freiheit und bildet sich, angesichts der konkreten Entscheidungen, die er zu treffen hat, vor seinem Gewissen sein unabhängiges, eigenständiges Urteil. Und indem er seine Berufsarbeit, sei sie nun intellektueller oder handwerklicher Art, zu heiligen sucht, bemüht er sich, nach der christlichen Vollkommenheit zu streben und in seiner Umgebung ein christliches Zeugnis zu geben. Wenn ein jeder in seinem weltlichen Lebensbereich und in den zeitlichen Angelegenheiten autonom seine persönlichen Entscheidungen trifft, ergeben sich selbstverständlich Unterschiede in den Ansichten, Handlungsweisen und Entscheidungen der verschiedenen Mitglieder, mit einem Wort: es resultiert jene gesegnete *Desorganisation,* ein gerechter und notwendiger Pluralismus, der für das Opus Dei ein Wesensmerkmal guten Geistes darstellt und mir immer als die einzig rechte und angemessene Auffassung vom Laienapostolat erschienen ist.

Diese *desorganisierte Organisation* zeigt sich sogar in den korporativen apostolischen Einrichtungen, die das Opus Dei mit der Absicht gründet, auch als Vereinigung christliche Lösungen für die drängenden Probleme der Gesellschaft in den verschiedenen Ländern anzubieten. Solche Tätigkeiten und Unternehmungen des Opus Dei haben immer eine unmittelbar apostolische Zielsetzung, das heißt, es handelt sich um Bildungs- oder sonstige Wohlfahrtseinrichtungen. Da aber unsere Arbeitsweise gerade darin besteht, von der *Basis* ausgehende Initiativen anzuregen, und da zudem die Umstände, Erfordernisse und Möglichkeiten in jedem Land und jedem sozialen Milieu anders geartet sind, überläßt es die zentrale Leitung des Werkes den Leitungsorganen in den einzelnen Ländern, die praktisch über eine absolute Autonomie verfügen, in eigener Verantwortung diejenigen konkreten apostolischen Unternehmungen zu organisieren und zu fördern, die ihnen angebracht erscheinen: Hochschulen oder Studentenheime, Sanitätsstationen oder Landwirtschaftsschulen. Als logisches Ergebnis haben wir ein buntes und abwechslungsreiches, eben *organisiert desorganisiertes* Mosaik von Tätigkeiten.

Wie ist demnach die ekklesiale Wirklichkeit des Opus Dei in das seelsorgliche Wirken der Gesamtkirche einzuordnen? Wie steht das Opus Dei zum Ökumenismus?

20 Es scheint mir wichtig, hier eine Klarstellung vorauszuschikken: Es wäre falsch, das Opus Dei mit dem Entwicklungsprozeß des *Standes der Vollkommenheit* in der Kirche in Zusammenhang zu bringen, denn das Werk ist keineswegs eine moderne Form oder ein *aggiornamento* dieses Standes. Weder der theologische Begriff des *status perfectionis* – wie ihn der heilige Thomas, Suárez und andere Autoren in der Kirche ausgebildet haben – noch die verschiedenen juristischen Ausprägungen, die dieser theologische Begriff erfahren hat oder erfahren kann, haben irgend etwas mit der Spiritualität und der apostolischen Zielsetzung gemein, die Gott für unsere Vereinigung gewollt hat. Eine vollständige theologische Darlegung dieser Frage würde hier zu weit führen, aber es genügt, sich vor Augen zu halten, daß das Opus Dei weder an Gelübden noch an Versprechen, noch an irgendeiner anderen Form von Weihe seiner Mitglieder Interesse hat, die über jene Weihe hinausginge, welche alle Christen bereits in der Taufe empfangen haben. Unsere Vereinigung will unter keinen Umständen, daß sich der Stand ihrer Mitglieder verändert und daß sie aufhören, einfache Gläubige wie alle anderen zu sein, um dem besonderen *status perfectionis* anzugehören. Im Gegenteil, das Opus Dei wünscht und bemüht sich darum, daß seine Mitglieder innerhalb ihres eigenen Standes an dem konkreten Platz, den sie in der Kirche und in der Gesellschaft einnehmen, nach Heiligkeit streben und apostolisch wirksam sind. Wir holen niemanden von dort weg, wo er steht, und entfernen niemanden von seiner Arbeit, von seinem Engagement und seiner Verflechtung in die zeitliche Ordnung.

Das gesellschaftliche Phänomen, die Spiritualität und das Wirken des Opus Dei fügen sich in einen ganz anderen Bereich im Leben der Kirche ein, und zwar gehören sie in jenen Entfaltungsprozeß der Theologie und des Lebens, der die Laien immer mehr zur vollen Übernahme ihrer ekklesialen Verantwortung und ihrer spezifischen Teilnahme an der Sendung Christi und seiner Kirche führt. Darin besteht heute, wie in der ganzen, fast vierzigjährigen Geschichte des Werkes, die beständige, gelassene, aber zugleich dringende Sorge, durch die Gott in mir und in allen Mitgliedern des Werkes dem Wunsch, Ihm zu dienen, Ausdruck verleihen wollte.

Welchen Beitrag das Opus Dei zu diesem Prozeß geleistet hat? Vielleicht ist jetzt nicht der rechte geschichtliche Augenblick, um eine derart umfassende Wertung vorzunehmen. Obwohl sich das Zweite Vatikanische Konzil zu meiner großen Freude dieser Fragen ausführlich angenommen hat und obwohl zahlreiche Begriffe und Gegebenheiten im Zusammenhang mit dem Leben und der Sendung des Laien bereits durch das Lehramt ausreichend geklärt und bestätigt worden sind, bleibt trotzdem noch ein erheblicher Kern von Fragen übrig, die für die Theologie im ganzen gesehen noch echte *Grenzprobleme* darstellen. Was uns betrifft, so scheint uns innerhalb des Geistes, den Gott dem Opus Dei gegeben hat und dem wir trotz unserer persönlichen Unvollkommenheiten in Treue zu folgen suchen, der größte Teil dieser umstrittenen Fragen bereits in wunderbarer Art und Weise gelöst. Wir versuchen jedoch nicht, diese Lösungen als die *einzig* möglichen hinzustellen.

In eben diesem ekklesiologischen Entwicklungsprozeß gibt es 21
andererseits eine ganze Reihe von Aspekten, die eine herrliche Bereicherung der christlichen Lehre darstellen und zu denen – zusammen mit den wertvollen Beiträgen anderer gleichermaßen verdienter apostolischer Initiativen und Vereinigungen – nach Gottes Willen auch das Zeugnis und das Leben des Opus Dei nicht wenig beigetragen hat. Allerdings wird wahrscheinlich noch eine geraume Zeit vergehen, bis diese neuen theologischen Erkenntnisse im Leben der *Gesamtheit* des Volkes Gottes Wurzel schlagen. Sie selbst haben in Ihren vorausgehenden Fragen auf einige dieser Aspekte hingewiesen: die Entwicklung einer authentischen Laienspiritualität, das Verständnis für die besonderen, nicht *kirchlich*-offiziellen, sondern ekklesialen Aufgaben,

die dem Laien eigen sind, die Herausarbeitung der Rechte und Pflichten, die ihm in seiner spezifischen Stellung als Laie zukommen, die Beziehungen zwischen Laie und Hierarchie, die Gleichheit der Würde von Mann und Frau in der Kirche und die gegenseitige Ergänzung in ihren Aufgaben, die Notwendigkeit einer angemessenen öffentlichen Meinung innerhalb des Volkes Gottes usw.

Das alles ist noch im Fluß, und die Entwicklung ist manchmal recht paradox. Die gleiche Aussage, an der noch vor vierzig Jahren fast alle oder, besser gesagt, alle Anstoß nahmen, wird heute praktisch als normal empfunden; und dennoch haben nur sehr wenige sie wirklich ganz begriffen und bemühen sich, auch ihr alltägliches Leben danach auszurichten.

Vielleicht läßt sich das besser an einem Beispiel erläutern: Um den Mitgliedern unserer Vereinigung einige Aspekte und Konsequenzen jener besonderen Würde und Verantwortung darzulegen, die sich aus der Taufe für den Christen ergeben, schrieb ich im Jahre 1932: ,,Man muß mit dem Vorurteil aufräumen, die gewöhnlichen Gläubigen könnten nichts anderes tun, als dem Klerus in kirchlichen Apostolatswerken zu helfen. Es gibt keinen Grund, warum sich das Apostolat der Laien auf eine bloße Teilnahme am hierarchischen Apostolat beschränken sollte, denn ihnen selbst kommt die ureigene Pflicht zu, apostolisch wirksam zu sein; und zwar nicht, weil sie etwa eine *missio canonica* erhalten haben, sondern ganz einfach, weil sie Teil der Kirche sind. Diese Aufgabe verwirklichen sie in ihrem Beruf, in ihrer Arbeit, in ihrer Familie, unter ihren Kollegen und Freunden.“ Aufgrund der feierlich verkündeten Lehre des Zweiten Vatikanischen Konzils wird wahrscheinlich niemand mehr die Rechtgläubigkeit dieser Aussage in Zweifel ziehen. Aber wie viele haben denn tatsächlich bereits ihren bisherigen Begriff vom Laienapostolat revidiert und betrachten es nicht mehr als eine *von oben nach unten durchorganisierte* Seelsorgetätigkeit? Wer hat denn wirklich schon die alte *monolithische* Auffassung vom Apostolat der Laien überwunden und begriffen, daß es auch ohne streng zentralisierte Strukturen, ohne *missio canonica* und genaue Anweisungen der Hierarchie gehen kann und muß? Verwechseln denn alle jene, die den Laien als die *longa manus Ecclesiae* betrachten, nicht den Begriff der Kirche als Volk Gottes mit dem viel engeren Begriff der Hierarchie? Und wie viele

Laien haben denn andererseits wirklich verstanden, daß sie kein Recht haben, ihrem legitimen Anspruch auf Unabhängigkeit im Apostolat Geltung zu verleihen, wenn sie nicht bereit sind, in feinfühliger Art und Weise die Verbundenheit mit der Hierarchie zu wahren?

Ähnliche Überlegungen ließen sich auch im Zusammenhang mit anderen Problemen anstellen; denn sowohl in der notwendigen theologischen Darstellung wie auch in der Gewissensbildung und in der Erneuerung der kirchlichen Gesetzgebung ist noch viel, sehr viel zu tun. Ich bitte den Herrn oft darum – das Gebet ist immer meine mächtigste Waffe gewesen –, daß der Heilige Geist seinem Volk und insbesondere der Hierarchie bei der Bewältigung dieser Aufgaben beisteht. Und zugleich bete ich dafür, daß sich der Herr auch weiterhin des Opus Dei bedienen möge, damit wir in allem, was uns betrifft, zu diesem schwierigen, aber zugleich wundervollen Prozeß der Entfaltung und des Wachstums in der Kirche unseren Beitrag leisten.

„Wie steht das Opus Dei zum Ökumenismus", fragten Sie 22
außerdem. Im vergangenen Jahr habe ich einem französischen Journalisten von einer Begegnung mit Johannes XXIII. erzählt, und diese Anekdote hat meines Wissens ein Echo selbst in den Publikationen unserer getrennten Brüder ausgelöst. Damals sagte ich unter dem Eindruck seiner väterlichen Liebenswürdigkeit zu Papst Johannes: „Heiliger Vater, im Werk haben schon immer alle Menschen, ob sie nun katholisch sind oder nicht, einen Platz gefunden, an dem sie sich wohlfühlen; den Ökumenismus habe ich nicht erst von Eurer Heiligkeit gelernt." Und Papst Johannes lachte innerlich bewegt, denn es war ihm bekannt, daß der Heilige Stuhl dem Opus Dei bereits im Jahre 1950 die Erlaubnis gegeben hatte, Nichtkatholiken und selbst Nichtchristen als Mitarbeiter aufzunehmen.

In der Tat fühlen sich nicht wenige unserer getrennten Brüder, unter ihnen auch Geistliche und sogar Bischöfe verschiedener Konfessionen, vom Geist des Opus Dei angezogen und arbeiten in unseren apostolischen Unternehmungen mit. Und im gleichen Maße, wie sich diese Kontakte verstärken, mehren sich die Zeichen von Sympathie und herzlichem Verständnis, weil die Mitglieder des Opus Dei es als Mitte ihrer Spiritualität betrachten, verantwortungsbewußt jene Anforderungen und Pflichten zu leben, die für den Christen aus der Taufe erwachsen.

Der Geist und die Arbeitsweise des Opus Dei tragen in der Tat wesentlich zur Begegnung bei. So etwa der Wunsch nach christlicher Vollkommenheit und apostolischem Wirken gerade durch die Heiligung der eigenen beruflichen Arbeit, unser Leben mitten in den irdischen Realitäten, die – bei voller Achtung vor ihrer Eigengesetzlichkeit – durch Geist und Liebe kontemplativ lebender Menschen beseelt werden, der Vorrang, den wir in unserer Arbeit der menschlichen Person, dem Wirken des Heiligen Geistes im Menschen und der Achtung vor der aus der Gotteskindschaft stammenden Würde und Freiheit des Christen beimessen und schließlich die Tatsache, daß wir, innerhalb der notwendigen Achtung vor dem Gemeinwohl, gegen jede monolithische und institutionalistische Auffassung vom Laienapostolat die Legitimität der Eigeninitiative verteidigen. In all dem finden unsere getrennten Brüder seit Jahren einen guten Teil jener theologischen Voraussetzungen praktisch gelebt vor, auf die sie und wir Katholiken berechtigterweise so viele ökumenische Hoffnungen setzen.

Um noch zu einem anderen Thema überzugehen: Wir würden gerne erfahren, wie Sie die augenblickliche Situation der Kirche beurteilen. Welche Bedeutung kommt Ihrer Meinung nach heutzutage jenen Tendenzen zu, die man im allgemeinen als „Progressismus“ und „Integralismus“ bezeichnet?

23 Meiner Ansicht nach kann man die augenblickliche theologische Situation in der Kirche als positiv und zugleich, wie bei jeder Wachstumskrise, als schwierig bezeichnen. Als positiv ohne Zweifel, denn der theologische Reichtum des Zweiten Vaticanum hat die gesamte Kirche, das ganze priesterliche Volk Gottes, in eine neue, höchst hoffnungsvolle Epoche geführt, in eine Zeit erneuter Treue gegenüber dem göttlichen Heilsplan, dessen Verwirklichung ihm anvertraut worden ist. Aber zugleich auch als schwierig, denn die theologischen Schlußfolgerungen, zu denen man gelangt ist, sind keineswegs abstrakt oder theoretisch; es handelt sich vielmehr um eine überaus *lebendige* Theologie mit unmittelbaren pastoralen, asketischen und kirchenrechtlichen Auswirkungen, die das innere und äußere Leben der christ-

lichen Gemeinschaft in wesentlichen Punkten – Liturgie, hierarchische Strukturen, Apostolatsformen, Lehramt, Dialog mit der Welt, Ökumenismus usw. – berühren und so auch in das christliche Leben und selbst in das Gewissen des einzelnen Gläubigen hineinreichen.

Zwei Dinge müssen uns am Herzen liegen: der christliche Optimismus, das heißt die freudige Gewißheit, daß der Heilige Geist die Lehre, mit der er die Kirche beschenkt hat, in reichem Maße fruchtbar werden läßt, und zugleich die notwendige Klugheit auf Seiten der Theologen und der Hierarchie; denn gerade jetzt würde es großen Schaden anrichten, wenn Ausgeglichenheit und abgewogenes Urteil beim Studium der anstehenden Probleme fehlten.

Welche Rolle im Augenblick die Tendenzen spielen, die Sie als „Progressismus" und „Integralismus" bezeichnen, kann ich schwer sagen, denn seit jeher habe ich es für unangebracht und sogar unmöglich gehalten, Sachverhalte in derartiger Form zu vereinfachen und zu katalogisieren. Diese Einteilung, die manchmal zu wahrhaft unsinnigen Extremen führt und die man künstlich zu verewigen sucht, so als ob die Theologen, ja sogar die Gläubigen in ihrer Gesamtheit, ständig *bipolar* ausgerichtet sein müßten, scheint mir letztlich in der Überzeugung zu wurzeln, daß der Fortschritt in der Theologie und im Leben des Volkes Gottes einzig als Ergebnis eines dauernden dialektischen Spannungsverhältnisses zu begreifen sei. Ich meinerseits ziehe es vor, aus ganzer Seele an das Wirken des Heiligen Geistes zu glauben, der weht, wo er will und in wem er will.

WESHALB ENTSTAND DAS OPUS DEI?*

Könnten Sie die Hauptaufgabe und die Ziele des Opus Dei umreißen? Haben Sie sich in Ihren Vorstellungen über die Vereinigung an bestimmten Vorbildern orientiert? Oder ist das Opus Dei etwas Einzigartiges und vollständig Neues innerhalb der Kirche und des Christentums? Könnte man es mit den Orden und den Säkularinstituten vergleichen oder mit katholischen Vereinigungen wie der *Holy Name Society*, den *Columbusrittern* oder der *Christophorus-Bewegung*?

Das Opus Dei will bei Menschen aller Gesellschaftsschichten 24
das Verlangen nach christlicher Vollkommenheit mitten in der Welt fördern. Es will den Menschen in der Welt – dem gewöhnlichen Menschen, dem Mann auf der Straße – helfen, ein konsequent christliches Leben zu führen, ohne daß er seine normale Lebensweise oder seine gewöhnliche Arbeit oder seine Pläne und Hoffnungen ändern müßte.

Deshalb kann man sagen, wie ich vor vielen Jahren schon einmal schrieb, daß das Opus Dei so alt und so jung ist wie das Evangelium. Es will die Christen an das herrliche Wort der Genesis erinnern, daß Gott den Menschen schuf, damit er arbeite. Uns hat das Beispiel Christi ergriffen, der fast die ganze Zeit seines irdischen Lebens als Handwerker in einem kleinen Dorf gearbeitet hat. Die Arbeit ist nicht allein einer der höchsten menschlichen Werte und das Mittel menschlicher Mitwirkung am Fortschritt der Gesellschaft, sie ist auch ein Weg der Heiligung.

* Interview von Peter Forbath, Korrespondent von *Time* (New York) (15. April 1967).

Mit welchen anderen Organisationen könnten wir das Opus Dei vergleichen? Die Antwort ist nicht leicht. Wenn man nämlich Organisationen geistlicher Ausrichtung untereinander vergleichen will, so läuft man Gefahr, in Äußerlichkeiten oder in juristischen Kategorien steckenzubleiben und dabei das Wichtigste zu übersehen: den Geist, der jedem Wirken erst den Daseinsgrund und das Leben gibt.

Ich möchte lediglich sagen, daß das Opus Dei, um bei den von Ihnen genannten Organisationen zu bleiben, von den Orden und Säkularinstituten weit entfernt ist, dagegen Vereinigungen wie der *Holy Name Society* etwas näher kommt.

Das Opus Dei ist eine internationale Laienorganisation, zu der auch Weltpriester gehören, die allerdings eine kleine Minderheit im Verhältnis zur Gesamtzahl der Mitglieder bilden. Die Mitglieder des Opus Dei sind Menschen, die mitten in der Welt leben und dort ihrem Beruf nachgehen. Sie schließen sich dem Opus Dei an, nicht weil sie diese Arbeit verlassen möchten, sondern weil sie geistlichen Rückhalt suchen, um ihre gewöhnliche Arbeit heiligen zu können und sie zugleich in ein Mittel der eigenen Heiligung und in eine Hilfe für die Heiligung anderer zu verwandeln. Ihr Stand ändert sich nicht, sie bleiben ledig oder verheiratet, verwitwet oder im Priesterstande. Sie wollen vielmehr Gott und den Mitmenschen in ihrem eigenen Stande dienen. Im Opus Dei interessieren uns weder Gelübde noch Versprechen; von seinen Mitgliedern wird erwartet, daß sie sich bemühen, trotz aller menschlichen Unzulänglichkeiten und Fehler die natürlichen und christlichen Tugenden zu leben, weil sie sich als Kinder Gottes wissen.

Will man sich schon auf Vergleiche stützen, so ist das Opus Dei am ehesten zu verstehen, wenn man sich das Leben der ersten Christen vergegenwärtigt. Sie lebten ihre christliche Berufung mit uneingeschränkter Hingabe; sie suchten ernsthaft jene Vollkommenheit, zu der sie durch die einfache und erhabene Tatsache der Taufe gerufen waren. Äußerlich unterschieden sie sich nicht von den anderen Leuten. Die Mitglieder des Opus Dei sind normale Menschen, die einer normalen Arbeit nachgehen und in der Welt als das leben, was sie sind: als christliche Staatsbürger, die den Forderungen ihres Glaubens ganz entsprechen wollen.

Ich möchte nochmals auf die Frage der Säkularinstitute zurückkommen. Ich habe eine Untersuchung des bekannten Kirchenrechtlers Dr. Julián Herranz gelesen, in der behauptet wird, daß einige dieser Institute geheim seien, und daß viele andere sich praktisch mit den Orden identifizieren, etwa durch Tragen eines Habits, Aufgeben der Berufsarbeit, um sich denselben Zielen wie die Ordensleute zu widmen usw., ja, daß deren Mitglieder nichts dabei finden, sich selbst als Ordensleute zu betrachten. Wie denken Sie darüber?

Der Aufsatz über die Säkularinstitute, auf den Sie sich bezie- 25
hen, hat tatsächlich in Fachkreisen weite Verbreitung gefunden. Dr. Herranz vertritt dort in eigener Verantwortung eine gut fundierte These; über die aus dieser Arbeit zu ziehenden Schlußfolgerungen möchte ich hier nicht sprechen.

Ich möchte nur bemerken, daß die ganze Verfahrensweise dieser Institute dem Opus Dei fremd ist. Das Werk ist nicht geheim und in keiner Weise, weder in seinem Wirken noch im Hinblick auf das Leben seiner Mitglieder, mit den Orden vergleichbar. Denn die Mitglieder des Opus Dei sind – wie ich gerade sagte – gewöhnliche Bürger wie alle anderen, und sie betätigen sich mit persönlicher Freiheit in jedem Beruf und in allen rechtschaffenen menschlichen Aufgaben[1].

Könnten Sie uns sagen, wie sich das Opus Dei seit seiner Gründung in seiner Ausprägung und in seinen Zielen entwickelt hat, in einem Zeitraum, in dem sich so vieles innerhalb der Kirche selbst geändert hat?

[1] Msgr. Escrivá sagte häufig, daß das Opus Dei *de facto* weder als Säkularinstitut noch als *Vereinigung von Gläubigen* zu verstehen sei. Zwar wurde das Opus Dei 1947 unter der Bezeichnung „Säkularinstitut" approbiert. Dies war damals diejenige juristische Form, die nach den seinerzeit in der Kirche geltenden Rechtsnormen für das Opus Dei am wenigsten inadäquat war; doch hatte Msgr. Escrivá Jahre zuvor schon daran gedacht, daß der endgültige kirchenrechtliche Status des Opus Dei im Bereich säkularer Strukturen anzusiedeln sei, die eine personale Jurisdiktion haben. Die spätere Rechtsform der Personalprälatur entspricht diesen Überlegungen.

26 Vom ersten Augenblick an ist, wie ich Ihnen eben geschildert habe, das einzige Ziel des Opus Dei gewesen, dazu beizutragen, daß mitten in der Welt Männer und Frauen aller Rassen und Gesellschaftsschichten danach trachten, in ihrer gewöhnlichen Arbeit und durch diese Arbeit Gott und allen Menschen in Liebe zu dienen. Seit dem Anfang des Werkes im Jahre 1928 predige ich, daß die Heiligkeit keine Sache für Privilegierte ist, sondern daß alle Wege der Erde, alle Stände, alle Berufe, alle rechtschaffenen menschlichen Aufgaben Wege Gottes sein können. Diese Botschaft ist von großer Tragweite, und die Erfahrung im Leben des Werkes hat mir geholfen, sie immer tiefer in der Vielfalt ihrer Aspekte zu sehen und zu verstehen. Das Werk wurde klein geboren und wuchs dann ganz selbstverständlich Schritt für Schritt wie ein lebendiger Organismus, wie alles, was sich in der Geschichte entwickelt.

Aber sein Ziel und sein Daseinsgrund haben sich nicht geändert und werden sich nicht ändern, so sehr sich auch die Gesellschaft wandeln mag; denn die Botschaft des Opus Dei besagt ja gerade, daß man jede ehrliche Arbeit heiligen kann, ganz gleich, wie die jeweiligen Umstände sind. Heute gehören Menschen aus allen Berufen zum Werk: nicht nur Ärzte, Rechtsanwälte, Ingenieure oder Künstler, sondern ebenso Maurer, Bergleute, Bauern; von Filmregisseuren und Düsenjägerpiloten bis zur ersten Mode-Friseuse sind alle Berufe vertreten. Zeitgemäß sein, Verständnis haben für die moderne Welt ist für die Mitglieder des Opus Dei etwas ganz Natürliches und sozusagen Instinktives; denn sie sind es ja, die zusammen mit ihren Mitbürgern, mit ihresgleichen, diese Welt gestalten und ihr ihre Modernität verleihen.

Da dies der Geist unseres Werkes ist, werden Sie verstehen, wie groß unsere Freude war, als das Konzil feierlich erklärte, daß die Kirche die Welt, in der sie lebt, ihren Fortschritt und ihre Entwicklung nicht ablehnt, sondern versteht und liebt. Außerdem ist es ein entscheidendes Merkmal jener Spiritualität, die die Mitglieder des Werkes seit fast vierzig Jahren zu leben sich bemühen, daß sie sich gleichzeitig der Kirche und dem Staat zugehörig wissen und daher jeder einzelne von ihnen in voller Freiheit seine persönliche Verantwortung als Christ und als Staatsbürger unverkürzt wahrnimmt.

Welche Unterschiede bestehen zwischen der Form, in der das Opus Dei als Vereinigung seine Aufgabe erfüllt, und der Art und Weise, in der die Mitglieder des Opus Dei als einzelne arbeiten? Was spricht zum Beispiel dafür, daß bestimmte Einrichtungen (etwa eine höhere Schule oder ein Tagungszentrum) von der Vereinigung betreut, andere hingegen (beispielsweise ein Verlag oder eine Firma) von Einzelpersonen betrieben werden?

Die Haupttätigkeit des Opus Dei besteht darin, seinen Mit- 27
gliedern und allen Menschen, die es wünschen, die notwendigen geistlichen Mittel an die Hand zu geben, damit sie als gute Christen inmitten der Welt leben können. Es macht sie vertraut mit der Lehre Christi und mit der Verkündigung der Kirche und verleiht ihnen eine Geisteshaltung, die sie dazu führt, aus Liebe zu Gott und im Dienste aller Menschen gut und wirksam zu arbeiten. Mit einem Wort, es geht darum, mit dem Christsein Ernst zu machen: mit allen in Aufgeschlossenheit zusammenzuleben, die legitime Freiheit aller zu achten und mit dafür zu sorgen, daß unsere Welt gerechter wird.

Jeder im Werk verdient sich seinen Lebensunterhalt und dient der Gesellschaft in dem Beruf, den er schon hatte, bevor er zum Opus Dei kam, und den er auch ausüben würde, wenn er nicht dem Opus Dei angehörte. So sind die einen Bergarbeiter, andere lehren in Schulen oder Universitäten, wieder andere sind Kaufleute oder Hausfrauen oder Sekretärinnen oder Bauern. Es gibt keine rechtschaffene menschliche Tätigkeit, die ein Mitglied des Opus Dei nicht ausüben könnte. Wer zum Beispiel vor seiner Zugehörigkeit zum Werk in einem Verlagshaus oder in einem Handelsgeschäft arbeitete, tut das hernach genauso. Und wenn jemand im Rahmen dieser seiner Arbeit oder weil er sich einer anderen zuwenden will, eine neue Stelle sucht oder etwa beschließt, mit Berufskollegen zusammen ein Unternehmen zu gründen, so ist das eine Angelegenheit, in der er selbst frei zu entscheiden hat; und für die Folgen seiner Entscheidung und die Ergebnisse seiner Arbeit hat er selbst einzustehen und sie persönlich zu verantworten.

Für die ganze Tätigkeit der Leiter des Opus Dei ist die sorgsame Achtung der beruflichen Freiheit der Mitglieder von derartig grundlegender Bedeutung, daß die Existenz des Werkes selbst davon abhängt; für alle ist es daher eine Selbstverständlichkeit, diesem lebenswichtigen Wesenszug unseres Geistes mit absoluter Treue zu entsprechen. Jeder kann beruflich überall dort arbeiten, wo er auch arbeiten würde, wenn er nicht vom Opus Dei wäre. Mit der beruflichen Arbeit eines einzelnen Mitgliedes haben weder das Opus Dei als solches noch die anderen Mitglieder etwas zu tun. Wozu die Mitglieder des Opus Dei sich verpflichten, wenn sie sich dem Werk anschließen, ist dies: keine Anstrengung zu scheuen, um in ihrer Arbeit und durch ihre Arbeit die christliche Vollkommenheit zu suchen und sich immer deutlicher bewußt zu werden, daß das Leben eines Christen Dienst an den Menschen sein muß.

Wie bereits gesagt, besteht die Hauptaufgabe des Werkes also darin, seinen Mitgliedern und allen Menschen, die es wünschen, christliche Bildung zu vermitteln. Außerdem entwickelt das Opus Dei einige korporative Tätigkeiten und Initiativen; durch sie will es beitragen zur Lösung der anstehenden gesellschaftlichen Probleme, für die der christliche Geist so reiche Möglichkeiten anbietet. Da das Opus Dei ausschließlich geistliche Ziele verfolgt, kann es sich bei diesen korporativen Initiativen nur um solche Tätigkeiten handeln, die eindeutig und unmittelbar einen christlichen Dienst, ein Apostolat darstellen. Absurd wäre die Vorstellung, das Opus Dei als solches könne sich etwa der Kohleförderung oder irgendeiner Art von Wirtschaftsunternehmen widmen. Alle seine korporativen Tätigkeiten haben einen unmittelbar apostolischen Inhalt: so zum Beispiel Fortbildungsschulen für Landarbeiter, ärztliche Hilfsstationen in unterentwickelten Gebieten oder in Entwicklungsländern, Bildungszentren zur sozialen Förderung der Frau. Es handelt sich also um Erziehungs- oder Wohlfahrtseinrichtungen, wie sie in der ganzen Welt von Vereinigungen der verschiedenen religiösen Bekenntnisse betrieben werden. Um solche Aufgaben zu verwirklichen, rechnen wir in erster Linie mit dem persönlichen Einsatz der Mitglieder, die sich gelegentlich diesen Initiativen hauptberuflich widmen. Eine erhebliche Bedeutung kommt aber auch der großzügigen Hilfe vieler anderer, sowohl Christen als auch Nichtchristen, zu. Die einen arbeiten aus religiösen Gründen mit, andere, die vielleicht das apostolische Ziel nicht teilen, sehen ein, daß diese Initiativen, die ohne Unterschied von Rasse, Religion oder Weltanschauung allen offenstehen, dem Wohl der

Gesellschaft dienen und daher unterstützungs- und förderungswürdig sind[2].

Berechtigt die Tatsache, daß es Mitglieder des Opus Dei in jedem gesellschaftlichen Milieu gibt und daß einige von ihnen in bedeutenden Unternehmen und einflußreichen Gruppen arbeiten oder sie leiten, zu der Annahme, das Opus Dei suche diese Tätigkeiten nach einem bestimmten politischen oder wirtschaftlichen Programm zu koordinieren?

Keinesfalls! Das Opus Dei engagiert sich nicht im geringsten 28
in der Politik. Jedes Engagement für eine ideologische, kulturelle, wirtschaftliche oder politische Tendenz, Gruppierung oder Regierungsform ist ihm absolut fremd. Ich wiederhole: Seine Ziele sind ausschließlich geistlicher und apostolischer Natur. Von seinen Mitgliedern verlangt das Opus Dei nichts anderes, als daß sie sich als Christen verhalten und sich bemühen, ihr Leben nach dem Vorbild des Evangeliums auszurichten. In keiner Weise mischt sich das Opus Dei in die rein zeitlichen Belange ein.

Wenn jemand dies nicht versteht, dann vielleicht deshalb, weil er die persönliche Freiheit nicht begreift oder weil es ihm an Unterscheidungsvermögen fehlt, um die rein geistlichen Ziele, um deretwillen sich die Mitglieder des Opus Dei zusammenschließen, und das weite Feld menschlicher Betätigung – Wirtschaft, Politik, Kultur, Kunst, Philosophie usw. – auseinanderzuhalten. In diesen Bereichen genießen die Mitglieder des Opus Dei völlige Freiheit und arbeiten in eigener Verantwortung. Die Realität der individuellen Freiheit ist den Mitgliedern vom ersten

[2] Wie Msgr. Escrivá aufzeigt, entwickeln die Mitglieder des Opus Dei diese körperschaftlichen Tätigkeiten und Initiativen rein apostolischen Charakters zusammen mit anderen Personen. Die Prälatur Opus Dei ist ausschließlich für die religiöse und geistliche Betreuung verantwortlich; sie hat weder Eigentumsrechte an diesen Initiativen noch an den entsprechenden Vermögenswerten. Die Mitglieder des Opus Dei, die in diesen Einrichtungen arbeiten, tun dies in persönlicher Freiheit und Verantwortung und in Übereinstimmung mit den Gesetzen des jeweiligen Landes; sie erwerben dieselbe staatliche Anerkennung wie ähnliche Aktivitäten anderer Bürger.

Augenblick an, da sie zum Werk kommen, bekannt. Sollte einmal irgend jemand im Werk versuchen, auf andere Mitglieder Druck auszuüben, um ihnen seine eigene Meinung in politischen Fragen aufzudrängen oder sich ihrer um menschlicher Interessen willen zu bedienen, so würden sich die anderen dagegen auflehnen und ihn sofort ausschließen. Die Achtung vor der Freiheit der Mitglieder ist eine wesentliche Lebensbedingung des Opus Dei selbst. Ohne sie würde niemand zum Werk kommen. Mehr noch: Sollte es einmal – bisher ist es nie geschehen, es geschieht heute nicht, und mit der Hilfe Gottes wird es auch niemals geschehen –, sollte es also einmal zu einer Einmischung des Opus Dei in die Politik oder in irgendeinen anderen Bereich innerweltlicher Betätigung kommen, dann wäre ich selbst der erste Feind des Opus Dei.

Die Vereinigung betont die Freiheit der Mitglieder, ihre persönlichen Überzeugungen auszudrücken. Man könnte jedoch das Thema von einem anderen Gesichtspunkt aus betrachten: Inwieweit halten Sie das Opus Dei als Vereinigung für moralisch verpflichtet, öffentlich oder privat zu bestimmten weltlichen oder geistlichen Grundfragen Stellung zu nehmen? Gibt es Situationen, in welchen das Opus Dei seinen Einfluß und den Einfluß seiner Mitglieder einsetzen würde, um Prinzipien zu verteidigen, die es für unantastbar hält, wie zum Beispiel in jüngster Zeit die Unterstützung der Gesetzgebung über die Religionsfreiheit in Spanien?

29 Im Opus Dei wollen wir immer und in allem mit der Kirche Christi solidarisch sein: *sentire cum Ecclesia.* Wir haben keine andere Lehre als jene, die die Kirche alle Gläubigen lehrt. Das einzig Besondere, das wir besitzen, ist der dem Opus Dei eigene Geist, das heißt eine konkrete Art und Weise, das Evangelium zu leben, indem wir uns in der Welt heiligen und durch den Beruf apostolisch wirken.

Daraus folgt unmittelbar, daß alle Mitglieder des Opus Dei die gleiche Freiheit besitzen wie die übrigen Katholiken, um sich ihre persönlichen Meinungen zu bilden und dementsprechend zu handeln. Deshalb kann und darf das Opus Dei als Vereinigung keine eigene Meinung aussprechen, ja es kann sie nicht einmal haben. Wenn es sich um eine Frage handelt, zu der sich das Lehramt der Kirche klar ausgesprochen hat, dann wird sich jedes einzelne Mitglied des Werkes diese Lehre zu eigen machen. Geht es dagegen um Fragen, über die sich das Lehramt – der Papst und die Bischöfe – nicht geäußert haben, dann wird jedes Mitglied die Meinung vertreten, die es für richtig hält, und sich in seinem Handeln danach richten.

Mit anderen Worten: Das Prinzip, das die Haltung der Leiter des Opus Dei in diesem Punkt bestimmt, ist die Achtung vor der persönlichen Entscheidungsfreiheit in zeitlichen Belangen. Das hat nichts mit Profillosigkeit seitens der Leitung des Werkes zu tun; denn hier kommt es darauf an, daß jeder einzelne sich seiner eigenen Verantwortung stellt und sich aufgerufen weiß, diese Verantwortung nach seinem Gewissen auf sich zu nehmen und in Freiheit zu handeln. Aus diesem Grund ist es widersinnig, das Opus Dei ins Spiel zu bringen, wenn man von Parteien, Gruppierungen, politischen Strömungen oder überhaupt von rein menschlichen Aufgaben oder Unternehmen spricht. Mehr noch, es ist geradezu ungerecht und kommt der Verleumdung nahe, denn es könnte zu der falschen Annahme verleiten, daß die Mitglieder des Werkes irgendeine gemeinsame ideologische Position oder Denkweise hätten, oder ein gemeinsames zeitliches Interesse.

Natürlich sind die Mitglieder katholisch, und zwar Katholiken, die sich bemühen, ihren Glauben konsequent zu leben. Mit diesem Namen kann man sie insgesamt bezeichnen, wenn man will, aber ohne zu vergessen, daß katholisch sein nicht bedeutet, zu einer bestimmten Gruppierung zu gehören, nicht einmal im kulturellen oder intellektuellen Bereich, und schon gar nicht im Bereich der Politik. Seit dem Anfang des Werkes, und nicht erst seit dem Konzil, haben wir uns bemüht, einen offenen katholischen Geist zu leben: die legitime Freiheit der Gewissen zu verteidigen, allen Menschen, ob katholisch oder nicht, in brüderlicher Liebe zu begegnen und mit allen zusammenzuarbeiten bei der Lösung der vielen Fragen, die die Welt bewegen.

Nehmen wir ein Beispiel. Angesichts des Rassenproblems in den Vereinigten Staaten wird jeder Angehörige des Opus Dei ausgehen von den klaren Aussagen der christlichen Lehre über die Gleichheit aller Menschen und die Ungerechtigkeit jeder

Diskriminierung. Ebenso wird er die konkreten Anweisungen der amerikanischen Bischöfe zu diesem Thema aufmerksam verfolgen und beachten. Demnach wird er die legitimen Rechte aller Bürger verteidigen und sich allen ungerechten Situationen oder Vorhaben nach Kräften widersetzen. Außerdem wird er sich stets darüber im klaren sein, daß es für einen Christen nicht genügt, die Rechte der anderen Menschen zu achten, daß er vielmehr in allen Menschen Brüder sehen muß, denen wir aufrichtige Liebe und selbstlosen Dienst schulden. Bei der Ausbildung, die das Opus Dei seinen Mitgliedern gibt, wird man in den Vereinigten Staaten mit besonderem Nachdruck auf diese Grundsätze der christlichen Lehre eingehen, vielleicht mehr als in einem anderen Land, wo sich diese konkrete Frage nicht oder nicht so dringlich stellt. Jedoch wird das Opus Dei niemals eine praktische Lösung für das Problem vorschreiben, ja nicht einmal nahelegen. Die Entscheidung, diesen oder jenen Gesetzentwurf zu unterstützen, sich einer bestimmten Vereinigung anzuschließen oder nicht, an einer bestimmten Kundgebung teilzunehmen oder auch nicht, diese Entscheidungen hat der einzelne selbst zu fällen. Und in der Tat sieht man ja auch überall, wie die Mitglieder nicht gruppenweise, sondern in einem selbstverständlichen Pluralismus handeln.

Gerade diese für uns so lebenswichtige Achtung vor der persönlichen Freiheit erklärt die Tatsache, daß so viele spanische Mitglieder des Opus Dei den Gesetzentwurf über die Religionsfreiheit in ihrem Land, so wie er vor kurzem vorgelegt wurde, befürworten. Selbstverständlich handelt es sich dabei um eine persönliche Stellungnahme, wie auch diejenigen ebenso persönlich Stellung nehmen, die den Gesetzentwurf kritisieren. Aber alle haben aus dem Geist des Opus Dei gelernt, die Freiheit zu lieben und die Menschen aller Bekenntnisse zu verstehen. Das Opus Dei ist die erste katholische Vereinigung, die mit Zustimmung des Heiligen Stuhls seit 1950 auch Nichtkatholiken und Nichtchristen als Mitarbeiter aufnimmt, ohne Unterschiede zu machen; denn unsere Liebe gilt allen.

Es wird Ihnen zweifellos bekannt sein, daß das Opus Dei in manchen Bereichen der öffentlichen Meinung umstritten ist. Darf ich Sie um Ihre Meinung zu diesem Sachverhalt bitten und besonders fragen, was Sie gegenüber Vorwürfen wie dem der „Geheimnistuerei“ und des „Verschwörertums“, die oft gegen das Opus Dei erhoben werden, sagen?

Alles, was nach Eigenlob klingen könnte, stört mich zutiefst. 30
Aber da Sie dieses Thema nun einmal angesprochen haben, muß ich doch feststellen, daß meines Erachtens das Opus Dei eine der katholischen Organisationen ist, die in der ganzen Welt auf die meisten Freunde zählen können. Millionen von Menschen, darunter auch viele Nichtkatholiken und Nichtchristen, schätzen es und helfen ihm.

Zum anderen ist das Opus Dei eine Organisation geistlicher und apostolischer Ausrichtung. Läßt man diese fundamentale Tatsache außer acht oder weigert man sich, an die Aufrichtigkeit der Mitglieder des Opus Dei, die dies immer wieder betonen, zu glauben, dann ist es unmöglich, ihr Handeln zu verstehen. Und dieses Unvermögen führt dann zu den unwahrscheinlichsten Erklärungsversuchen und zur Erfindung von „Geheimnissen“, die niemals existiert haben.

Sie erwähnen den Vorwurf der Geheimnistuerei. Er ist schon alt, und ich könnte Ihnen Schritt für Schritt den historischen Ursprung dieser üblen Nachrede darlegen. Eine mächtige Organisation, die ich lieber nicht nennen möchte – wir lieben sie und haben sie immer geliebt –, gab sich viele Jahre lang der Verfälschung von Tatsachen hin, die sie nicht kannte. Man versteifte sich darauf, uns als Ordensleute zu betrachten, und fragte sich: Warum denken sie nicht alle gleich? Wieso tragen sie kein Habit und kein Abzeichen? Und daraus zogen sie den unsinnigen Schluß, wir seien eine Geheimgesellschaft.

Das ist heute vorbei, und jeder halbwegs Unterrichtete weiß, daß es bei uns keine Geheimnisse gibt, daß wir kein Abzeichen tragen, weil wir keine Ordensleute, sondern gewöhnliche Christen sind, daß wir nicht die gleiche Meinung und den gleichen Standpunkt haben, weil wir in allen zeitlichen Belangen und in allen nicht vom kirchlichen Lehramt entschiedenen theologischen Fragen den größtmöglichen Pluralismus bejahen. Eine bessere Kenntnis der Realitäten und die Überwindung mancher unbegründeter Eifersüchteleien haben schließlich dieses Kapitel trauriger Verleumdung abgeschlossen.

Trotzdem darf man sich nicht wundern, wenn von Zeit zu Zeit jemand die alten Mythen wieder aufleben läßt. Da wir uns bemühen, für Gott zu arbeiten, und daher die persönliche Freiheit aller Menschen verteidigen, werden wir die sektiererischen Gegner dieser Freiheit immer gegen uns haben, aus welchem Lager sie auch stammen mögen. Und besonders aggressiv werden diejenigen sein, die entweder gegen die Religion voreingenommen und ihr feindselig gesinnt sind, oder – noch schlimmer – die von einem fanatischen religiösen Denken beherrscht sind.

Erfreulicherweise weigert sich jedoch die Mehrzahl der Presseorgane, bloß alte und falsche Dinge zu wiederholen. Man sieht ein, daß Unvoreingenommenheit nicht bedeutet, einen „mittleren Weg" zwischen Wirklichkeit und Verleumdung zu finden, sondern sich zu bemühen, die objektive Wahrheit wiederzugeben. Auch die Wahrheit kann *Nachricht* sein, scheint mir, besonders wenn es sich darum handelt, über die Arbeit so vieler Menschen zu berichten, die sich als Mitglieder oder Mitarbeiter des Opus Dei bemühen, trotz ihrer persönlichen Schwächen – ich habe sie, und es wundert mich nicht, sie auch bei den anderen zu finden – allen Menschen zu dienen. Es ist immer interessant, falsche Mythen abzubauen, und ich halte es für eine ernste Pflicht des Journalisten, sich gründlich zu informieren und auf dem laufenden zu bleiben, auch wenn er dann manchmal frühere Urteile revidieren muß. Ist es denn wirklich so schwer zuzugeben, daß etwas gut, klar und lauter ist, ohne alte, absurde und verbrauchte Entstellungen beizumischen?

Dabei ist es so einfach, sich über das Opus Dei zu informieren. In allen Ländern arbeitet es in aller Öffentlichkeit, mit juristischer Anerkennung der staatlichen und kirchlichen Behörden. Die Namen seiner Leiter und seiner apostolischen Werke sind allgemein bekannt. Wer immer über unser Werk Auskunft erhalten möchte, kann sie sich ohne Schwierigkeiten verschaffen; er braucht sich bloß mit den Leitern in Verbindung zu setzen oder sich an eines unserer korporativen Werke zu wenden. Sie selbst sind ja Zeuge, daß die Leiter des Opus Dei oder die Mitglieder, an die die Journalisten sich wenden, diesen ihre Aufgabe so leicht wie möglich zu machen pflegen, indem sie ihre Fragen beantworten oder ausreichende Dokumentationen zur Verfügung stellen.

Weder ich noch sonst jemand im Opus Dei kann erwarten,

daß jedermann uns versteht oder unser geistliches Ideal teilt. Ich liebe die Freiheit und bin sehr dafür, daß jeder seinen eigenen Weg geht. Aber andererseits ist es auch selbstverständlich, daß wir auf unserem Grundrecht bestehen, respektiert zu werden.

Wie erklären Sie den beachtlichen Erfolg des Opus Dei, und nach welchen Maßstäben messen Sie ihn?

Wenn eine Unternehmung auf das Übernatürliche ausgerichtet ist, dann bedeutet *Erfolg* oder *Mißerfolg*, so wie sie gewöhnlich aufgefaßt werden, recht wenig. Schon der heilige Paulus sagte zu den Christen von Korinth, daß es im geistlichen Leben nicht auf das Urteil der anderen, auch nicht auf das eigene, sondern nur auf das Urteil Gottes ankommt. 31

Gewiß ist das Werk heute in der ganzen Welt verbreitet. Ihm gehören Männer und Frauen aus rund siebzig Nationen an. Wenn ich an diese Tatsache denke, bin ich selbst überrascht. Ich finde keine menschliche Erklärung dafür; die einzige Erklärung ist für mich der Wille Gottes, denn *der Geist weht, wo er will*, und er bedient sich, wessen er will, um die Menschen zu heiligen. All das ist für mich Grund zur Danksagung, zur Demut und zur Bitte an Gott, ihm immer in der rechten Weise dienen zu können. Sie fragen mich auch, nach welchem Maßstab ich diese Dinge beurteile. Die Antwort ist sehr einfach: nach der Heiligkeit, nach den Früchten der Heiligkeit.

Das wichtigste Apostolat des Opus Dei ist dasjenige, das jedes Mitglied durch das Zeugnis seines Lebens und durch sein Wort im täglichen Umgang mit seinen Freunden, Bekannten und Arbeitskollegen ausübt. Wer will da die übernatürliche Wirksamkeit dieses stillen und demütigen Apostolates messen? Das Beispiel eines loyalen und aufrichtigen Freundes oder der Einfluß einer guten Mutter in der Familie – so etwas kann in seiner Auswirkung kaum gemessen werden.

Aber vielleicht bezieht sich Ihre Frage mehr auf die korporativen Apostolate des Opus Dei, bei denen man die Ergebnisse von einem rein natürlichen, sozusagen technischen Standpunkt aus messen könnte: etwa ob eine Arbeiterfachschule tatsächlich dem sozialen Fortschritt derer dient, die sie besuchen, oder ob eine Universität ihren Studenten die angemessene berufliche und kulturelle Ausbildung gibt. Wenn ich Ihre Frage in diesem Sinne verstehen darf, dann möchte ich sagen, daß der Erfolg sich zum Teil dadurch erklären läßt, daß diejenigen, die in diesen apostolischen Einrichtungen arbeiten, darin ihre spezifische berufliche Aufgabe sehen, auf die sie sich entsprechend vorbereiten wie jeder, der etwas Ernsthaftes leisten will. Das bedeutet unter anderem, daß diese Initiativen nicht nach einem vorgefaßten Schema konzipiert werden, sondern daß man in jedem Fall die besonderen gesellschaftlichen Bedürfnisse des Landes oder der Gegend berücksichtigt, wo eine bestimmte Tätigkeit begonnen werden soll, um sie den wirklichen Erfordernissen anzupassen.

Aber ich betone nochmals, daß das Opus Dei sich nicht in erster Linie für die rein menschliche Wirksamkeit interessiert. Der wirkliche, ausschlaggebende Erfolg oder Mißerfolg dieser korporativen Werke – das menschliche Niveau immer vorausgesetzt – hängt entscheidend davon ab, ob jene, die in ihnen arbeiten, wie auch die, denen diese Arbeit zugute kommt, dort wirksam Hilfe und Ansporn finden oder nicht, Gott mehr zu lieben, sich immer klarer bewußt zu werden, daß sie Brüder ihrer Mitmenschen sind, und dies in einem selbstlosen Dienst an der Menschheit bezeugen.

Können Sie uns sagen, wie und warum Sie das Opus Dei gegründet haben, und welche Ereignisse Sie als die wichtigsten Marksteine seiner Entwicklung ansehen?

32 Warum? Die Werke, die aus dem Willen Gottes entstehen, kennen kein anderes Warum als den göttlichen Wunsch, sie als Ausdruck seines universalen Heilswillens zu benutzen. Seit dem ersten Augenblick war das Werk weltweit, *katholisch*. Es wurde nicht geboren, um konkrete Probleme des Europa der zwanziger Jahre zu lösen, sondern um den Männern und Frauen aller Länder, Sprachen und Rassen in den verschiedensten Lebensumständen und sozialen Verhältnissen zu sagen, daß sie in jedem Stand – als Ledige, Verheiratete, Verwitwete oder Priester – Gott ohne Vorbehalt lieben und ihm dienen können, ohne ihr berufliches, familiäres oder gesellschaftliches Leben aufzugeben.

Wie es gegründet wurde? Ohne die geringsten menschlichen Mittel. Ich besaß nur meine 26 Jahre, die Gnade Gottes und gute

Laune. Das Werk wurde klein geboren. Es war nichts weiter als das Bemühen eines jungen Priesters, der alles daransetzte zu tun, was Gott von ihm wollte.

Sie fragen mich nach besonderen Marksteinen. Mir scheint, jeder Augenblick, da durch das Opus Dei ein Mensch Gott näherkommt und so mehr zum Bruder seiner Mitmenschen wird, ist für das Werk ein wichtiger Markstein.

Aber Sie möchten wohl, daß ich Ihnen etwas über die entscheidenden Augenblicke in der Geschichte des Werkes sage. Auch wenn es nicht die wichtigsten Daten sind, will ich Ihnen doch aus dem Gedächtnis einige annähernde Angaben machen. Schon in den ersten Monaten des Jahres 1935 war alles vorbereitet, um die Arbeit des Werkes in Frankreich, genauer gesagt in Paris, zu beginnen. Aber der spanische Bürgerkrieg und dann der Zweite Weltkrieg zwangen uns, diese Ausdehnungspläne aufzuschieben; da jedoch eine Ausbreitung des Werkes notwendig war, dauerte diese Verzögerung nicht lange. Schon 1940 beginnt die Arbeit in Portugal. Fast gleichzeitig mit dem Ende der Feindseligkeiten wurde in England, Frankreich, Italien, in den Vereinigten Staaten und in Mexiko begonnen, wenn auch in den Jahren zuvor bereits einige Reisen dorthin gemacht worden waren. Danach ging die Ausdehnung Schritt für Schritt weiter: seit den Jahren 1949 und 1950 kamen Deutschland, Holland, die Schweiz, Argentinien, Kanada, Venezuela und die übrigen europäischen und amerikanischen Staaten hinzu. Gleichzeitig dehnte sich die Arbeit auf andere Länder und Kontinente aus: Nordafrika, Japan, Kenia, Ostafrika, Australien, die Philippinen, Nigeria usw.

Gern erinnere ich mich auch an die häufigen Gelegenheiten, bei denen die Päpste ihre Liebe gegenüber dem Werk ganz offen und deutlich gezeigt haben. Seit 1946 wohne ich in Rom und so habe ich Gelegenheit gehabt, Pius XII., Johannes XXIII. und Paul VI. kennenzulernen. Bei allen habe ich immer väterliche Liebe gefunden.

Wären Sie mit der Behauptung einverstanden, die gelegentlich aufgestellt worden ist, daß das besondere Milieu Spaniens während der letzten dreißig Jahre das Wachstum des Werkes in diesem Land erleichtert hat?

33 In wenigen Ländern haben wir ungünstigere Voraussetzungen gefunden als in Spanien. Es tut mir leid, so sprechen zu müssen, da ich meine Heimat liebe; aber Spanien ist das Land, wo es am meisten Arbeit und Leid gekostet hat, bis das Werk Wurzeln schlug. Kaum war das Werk geboren, da stieß es schon auf die Opposition der Feinde der persönlichen Freiheit und mancher anderer, die so sehr in traditionellen Vorstellungen befangen waren, daß sie das Leben der Mitglieder des Opus Dei nicht begreifen konnten: das Leben ganz normaler Leute, die sich Mühe geben, ihre christliche Berufung mit uneingeschränkter Hingabe zu leben, ohne die Welt zu verlassen. Auch die korporativen apostolischen Einrichtungen haben in Spanien keine besonders günstigen Bedingungen gefunden. In manchen Ländern mit mehrheitlich nichtkatholischer Bevölkerung haben Regierungen die Bildungs- und Sozialeinrichtungen, die von Mitgliedern des Opus Dei ins Leben gerufen wurden, viel großzügiger unterstützt als der spanische Staat. Dabei ist die Hilfe, die eine solche Regierung den korporativen Werken des Opus Dei genauso wie anderen ähnlichen Einrichtungen gewährt, keine Bevorzugung, sondern einfach die Anerkennung einer sozialen Funktion, die den Staatshaushalt entlastet.

Der Geist des Opus Dei hat bei seiner Verbreitung in allen Ländern sofort bereitwillige, tiefe Aufnahme gefunden. Wenn das Opus Dei auf Schwierigkeiten stieß, dann wegen falscher Behauptungen, die gerade aus Spanien kamen und von Spaniern erfunden wurden, und zwar aus ganz bestimmten Bereichen der spanischen Gesellschaft. In erster Linie war jene internationale Organisation, die ich vorhin erwähnte, daran beteiligt; aber dieses Kapitel scheint nun der Vergangenheit anzugehören, und ich trage niemandem etwas nach. Sodann gibt es dort einige Leute, die den Pluralismus nicht verstehen, stets massiv als Gruppe auftreten oder gar einer engen, totalitären Denkweise verfallen sind und sich des katholischen Namens bedienen, um Politik zu machen. Aus mir unerklärlichen Gründen – vielleicht aus eigentlich gegenstandslosen, allzumenschlichen Überlegungen – scheinen manche von ihnen besonderes Gefallen daran zu finden, das Opus Dei anzugreifen. Und da sie finanziell mächtig sind – verfügen sie doch über das Geld der spanischen Steuerzahler –, werden ihre Angriffe von bestimmten Zeitungen verbreitet.

Ich sehe, daß Sie konkrete Namen von Personen und Institutionen erwarten. Ich möchte Ihnen jedoch keine Namen nennen und hoffe, daß Sie den Grund verstehen. Weder meine Aufgabe noch die des Werkes ist politisch. Meine Aufgabe ist: beten. Und ich möchte nichts sagen, was als Einmischung in die Politik gedeutet werden könnte. Ja, es schmerzt mich, überhaupt über diese Dinge zu sprechen. Fast vierzig Jahre lang habe ich geschwiegen. Wenn ich jetzt spreche, dann nur, weil ich die Pflicht habe, die verzerrenden Mißdeutungen, durch die einige Leute eine ausschließlich geistliche Arbeit in ein schiefes Licht zu bringen versuchen, als von Grund auf falsch zu entlarven. Deshalb will ich in Zukunft sprechen und, sollte es nötig sein, immer deutlicher werden, auch wenn ich bisher geschwiegen habe.

Um aber auf das Hauptthema Ihrer Frage zurückzukommen: Wenn viele Menschen aller Gesellschaftsschichten, auch in Spanien, sich entschieden haben, mit Hilfe des Werkes und nach seinem Geiste Christus zu folgen, kann die Erklärung nicht im spanischen Milieu oder in anderen äußeren Bedingungen gesucht werden. Dafür liefern gerade diejenigen einen Beweis, die leichtfertig so etwas behaupten und dabei zusehen müssen, wie ihre eigenen Gruppen zusammenschrumpfen. Dabei sind die äußeren Bedingungen für alle gleich. Menschlich gesprochen fällt es vielleicht auch ins Gewicht, daß sie einen Gruppengeist pflegen, während wir niemandem die persönliche Freiheit nehmen.

Wenn das Opus Dei sich in Spanien, wie auch in einigen anderen Ländern, so stark entwickelt hat, so mag das zum Teil daran liegen, daß unser geistliches Wirken dort vor vierzig Jahren begann und, wie ich schon vorher ausführte, der spanische Bürgerkrieg und danach der Weltkrieg eine Verzögerung des Beginns in anderen Ländern erzwangen. Es bleibt aber festzuhalten, daß seit Jahren schon die Spanier eine Minderheit im Werk sind.

Denken Sie nicht, ich wiederhole es, daß ich mein Land nicht liebe oder daß ich mich nicht aufrichtig über die Arbeit des Werkes in Spanien freue. Aber es ist traurig, daß es Leute gibt, die Fehlinformationen und Zweideutigkeiten über das Opus Dei und Spanien verbreiten.

DAS APOSTOLAT DES OPUS DEI IN DEN FÜNF ERDTEILEN*

Gelegentlich wird behauptet, das Opus Dei sei wie eine Geheimgesellschaft organisiert. Was ist von einer solchen Behauptung zu halten? Könnten Sie uns außerdem darlegen, welche Botschaft Sie den Menschen unserer Zeit bringen wollten, als Sie 1928 das Werk gründeten?

Seit 1928 sage ich, daß alle Wege der Erde Wege Gottes sein 34
können und die Heiligkeit nicht das Privileg einiger Auserwählter ist. Der innerste Kern der spezifischen Spiritualität des Opus Dei ist die Heiligung der alltäglichen Arbeit. Das Vorurteil, die gewöhnlichen Gläubigen könnten sich nur darauf beschränken, dem Klerus in kirchlichen Aufgaben zu helfen, sollte verschwinden. Es ist daran zu erinnern, daß die Menschen frei sein und sich frei fühlen müssen, um ihr übernatürliches Ziel zu erreichen – mit jener Freiheit, die Christus uns erworben hat. Um dies zu lehren und um aufzuzeigen, wie es in die Tat umgesetzt werden kann, habe ich nie ein Geheimnis gebraucht. Die Mitglieder des Werkes lehnen jede Geheimnistuerei ab. Denn sie sind normale Gläubige, genau wie die anderen. Wenn sie sich dem Opus Dei anschließen, ändert das nichts an ihrem Stand. Es würde ihnen widerstreben, ein Schild auf dem Rücken zu tragen: „Ich arbeite für Gott". Das steht einem Laien nicht an, und es wäre nicht säkular. Jeder aber, der Mitglieder des Opus Dei kennt und mit ihnen verkehrt, weiß, daß sie zum Werk gehören, auch wenn sie es nicht laut verkünden; denn sie verheimlichen es auch nicht.

* Interview von Jacques Guillemé-Brûlon, veröffentlicht in *Le Figaro* (Paris, 16. Mai 1966).

Könnten Sie uns kurz die Struktur des Opus Dei in der Welt und seine Verbindung zum Generalrat skizzieren, dem Sie in Rom vorsitzen?

35 Der Generalrat hat seinen Sitz in Rom, unabhängig für die männliche und die weibliche Abteilung (vgl. *Annuario pontificio* 1966, S. 885 und 1226). Ein ähnlicher Rat besteht in jedem Land, Vorsitzender ist der jeweilige Consiliarius des Opus Dei in diesem Land[1]. Denken Sie aber nicht an eine mächtige Organisation, die ihre Kapillaren bis in die letzten Winkel der Welt erstreckt. Stellen Sie sich das Werk eher als eine *desorganisierte Organisation* vor. Denn die Hauptaufgabe der Leiter des Opus Dei besteht darin, durch eine fundierte theologische und apostolische Bildung allen Mitgliedern den echten Geist des Evangeliums zu vermitteln, den Geist der Liebe und des Verstehens, dem Fanatismus ganz und gar fremd ist. Außerdem handelt jeder in voller persönlicher Freiheit. Er bildet in autonomer Entscheidung sein Gewissen und bemüht sich um die christliche Vollkommenheit und die Verchristlichung seines Milieus durch die Heiligung der Arbeit, sei sie intellektueller oder handwerklicher Art, in den verschiedenen Situationen seines Lebens und im eigenen Heim.

Auf der anderen Seite ist die Leitung des Werkes immer kollegial. Wir verabscheuen jegliche Tyrannei, vor allen Dingen innerhalb der ausschließlich geistlichen Leitungsaufgaben des Opus Dei. Wir lieben die Pluralität. Das Gegenteil würde unsere Wirksamkeit lähmen. Wir würden selbst nichts tun und andere nichts tun lassen. Wir würden nicht weiterkommen.

Der Punkt 484 Ihres geistlichen Codex „Der Weg" lautet: „Deine Pflicht ist, Instrument zu sein." Welchen Sinn hat

[1] Vgl. Anmerkung zu Nr. 19. Die Errichtung des Opus Dei als Personalprälatur hat die Einheit des Opus Dei juristisch gesichert. Sie hat klargestellt, daß die ganze Prälatur – Männer wie Frauen, Priester wie Laien, Verheiratete wie Unverheiratete – eine organische pastorale Einheit bildet. Sie verwirklicht ihre apostolische Arbeit durch die männliche und die weibliche Abteilung unter der Leitung des Prälaten mit seinen Vikaren und Beratern. In ihm ist die Einheit der Spiritualität und der Jurisdiktion zwischen beiden Abteilungen gegeben und gewährleistet.
Die Amtsbezeichnung „Consiliarius" heißt in der Terminologie der endgültigen Rechtsform „Regionalvikar", ohne daß sich deshalb das Verständnis dieses Amtes irgendwie geändert hätte.

dieser Satz im Zusammenhang mit den voraufgehenden Fragen?

„Der Weg" ein Codex? Nein. Den größten Teil dieses Buches 36
habe ich 1934 geschrieben. Ich habe darin meine priesterliche Erfahrung zusammengefaßt für alle Menschen, um die ich mich kümmerte, ob sie Mitglieder des Opus Dei waren oder nicht. Damals konnte ich nicht ahnen, daß dieses Buch dreißig Jahre später eine solche Verbreitung finden würde: Millionen von Exemplaren in so vielen Sprachen. Es ist ein Buch, das nicht nur für die Mitglieder des Opus Dei geschrieben ist; es richtet sich an alle, auch an Nichtchristen. Man muß den „Weg" mit einem Minimum an übernatürlichem Geist, an innerem Leben und apostolischer Sorge lesen. Er ist kein Codex für Aktivisten. Er soll vielmehr ein Buch sein, das anregt, Gott zu lieben, ihm näherzukommen und allen zu dienen: Werkzeug zu sein – das war Ihre Frage –, wie es der Apostel Paulus für Christus sein wollte. Freies und verantwortliches Werkzeug: Wer in diesem Buch ein weltliches Ziel sehen will, täuscht sich. Bedenken Sie, daß geistliche Schriftsteller aller Zeiten die Menschen häufig als Werkzeuge in den Händen Gottes betrachtet haben.

Nimmt Spanien einen bevorzugten Platz im Werk ein? Liegt hier der Ausgangspunkt eines weitergespannten Programms oder nur ein Tätigkeitsbereich unter vielen anderen?

Unter den fünfundsechzig Ländern, in denen es Mitglieder des 37
Opus Dei gibt, ist Spanien nur ein Land neben anderen, und die Spanier sind nur eine Minderheit. Geographisch gesehen, ist das Opus Dei in Spanien entstanden; seine Ziele aber waren von Anfang an universal. Übrigens wohne ich seit zwanzig Jahren in Rom.

Hat die Tatsache, daß verschiedene Mitglieder des Werkes im öffentlichen Leben des Landes mitwirken, das Opus Dei in Spanien nicht in gewissem Maße politisiert? Werden nicht auf diese Weise das Werk und die Kirche selbst kompromittiert?

38 Das ist weder in Spanien noch sonstwo der Fall. Ich wiederhole, daß jedes Mitglied des Opus Dei seine Tätigkeit in voller Freiheit und in persönlicher Verantwortung ausübt. Keiner von ihnen kompromittiert die Kirche oder das Werk; denn keiner stützt sich bei seiner eigenen Arbeit auf die Kirche oder auf das Werk. Menschen, die über Apostolat und geistliches Leben in militärischen Kategorien denken, werden leicht dazu neigen, in der freien und persönlichen Arbeit der Christen eine kollektive Handlungsweise zu sehen. Lassen Sie mich aber noch einmal sagen, was ich seit 1928 ständig wiederholt habe: Die Verschiedenheit der Meinungen und des Verhaltens im weltlichen Bereich und auch auf jenen Gebieten der Theologie, die der freien Diskussion überlassen sind, stellt für das Werk kein Problem dar. Diese Verschiedenheit unter den Mitgliedern des Werkes gibt es nun einmal, und es wird sie immer geben. Denn sie ist ein Zeichen des guten Geistes, der vernünftigen Gesinnung und des Respekts vor der berechtigten Meinung eines jeden.

Glauben Sie nicht, daß in Spanien, bei dem Partikularismus der iberischen Rasse, irgendein Teil des Werkes versucht sein könnte, seinen Einfluß zu benutzen, um Sonderinteressen zu verfolgen?

39 Ich wage zu garantieren, daß die Hypothese, die Sie da formulieren, sich in unserem Werk niemals bewahrheiten wird, weil wir uns *ausschließlich* zur Verwirklichung übernatürlicher Ziele zusammengeschlossen haben. Sollte dennoch ein Mitglied des Opus Dei den anderen direkt oder indirekt seine Meinung in weltlichen Dingen aufzuzwingen versuchen oder sich ihrer für menschliche Ziele bedienen wollen, würde es unverzüglich ausgeschlossen werden. Denn die anderen Mitglieder würden sich dagegen zur Wehr setzen, und das mit heiligem Recht.

In Spanien rühmt sich das Opus Dei, in allen Schichten der Bevölkerung vertreten zu sein. Gilt diese Behauptung auch für die übrige Welt, oder ist es richtig, daß in anderen Ländern die Mitglieder des Opus Dei vorwiegend aus den oberen Schichten stammen, aus den führenden Kreisen der

Industrie, der Verwaltung, der Politik und der freien Berufe?

In Spanien und auf der ganzen Welt gehören dem Opus Dei 40
Menschen aus allen Schichten der Gesellschaft an: Männer und Frauen, Alte und Junge, Arbeiter und Industrielle, Beamte, Bauern, Vertreter der freien Berufe usw. Gott ist es, der ihnen die Berufung schenkt, und bei Gott gibt es kein Ansehen der Person. Aber das Opus Dei rühmt sich weder dieser Tatsache noch einer anderen. Ein apostolisches Werk wächst nicht dank menschlicher Anstrengung, sondern durch den Atem des Heiligen Geistes. In einer Vereinigung, die sich irdischen Zielen widmet, wäre es nur logisch, eindrucksvolle Statistiken über Zahl, Art und Qualifikation der Mitglieder zu veröffentlichen. Tatsächlich geschieht das bei Organisationen, die auf Prestige Wert legen. Wenn es aber um die Heiligung der Menschen geht, fördert eine solche Haltung nur den kollektiven Hochmut: Christus aber will die Demut des einzelnen und die der Gemeinschaft.

Wie ist die augenblickliche Lage des Werkes in Frankreich?

Wie ich bereits sagte, ist die Leitung des Werkes in jedem 41
Lande autonom. Die beste Information über die Arbeit des Opus Dei in Frankreich können Sie von den Leitern des Opus Dei dort erhalten. Unter den Aufgaben, die das Werk korporativ wahrnimmt und verantwortet, finden Sie Studentenheime (zum Beispiel die *Résidence Internationale de Rouvray* in Paris oder die *Résidence Universitaire de l'Ile-Verte* in Grenoble), Tagungszentren (wie das *Centre de Rencontres de Couvrelles* im Département Aisne) usw. Ich möchte Sie aber daran erinnern, daß diese korporativen Tätigkeiten des Opus Dei nicht das Wichtigste sind. Die Hauptsache ist das unmittelbare persönliche Zeugnis der Mitglieder in ihrer täglichen Arbeit. Und dabei sind Zahlen unwesentlich. Denken Sie dabei aber nicht wieder an das Schreckbild des „Geheimnisses". Nein. Die Vögel am Himmel sind auch kein Geheimnis, und niemand kommt auf die Idee, sie zu zählen.

Wie ist die Lage des Werkes in den übrigen Teilen der Welt, besonders in den angelsächsischen Ländern?

42 Das Opus Dei fühlt sich überall zu Hause, in England wie in Kenia, in Nigeria wie in Japan, in den Vereinigten Staaten wie in Österreich, Mexiko oder Argentinien. Überall finden wir das gleiche theologische und pastorale Phänomen in den Menschen des Landes verwurzelt. Es ist weder an eine bestimmte Kultur noch an irgendeine bestimmte geschichtliche Epoche gebunden. In der angelsächsischen Welt hat das Opus Dei dank der Hilfe Gottes und der Mitarbeit zahlreicher Menschen apostolische Einrichtungen verschiedener Art: *Netherhall House* in London schenkt den afroasiatischen Studenten besondere Aufmerksamkeit; *Hudson Center* in Montreal bemüht sich um die menschliche und intellektuelle Bildung der weiblichen Jugend; *Nairana Cultural Center* steht den Studenten von Sidney offen. In den Vereinigten Staaten, wo das Opus Dei 1949 seine Tätigkeit begonnen hat, erwähne ich *Midtown,* ein Arbeiterzentrum im Herzen Chicagos; *Stonecrest Community Center* in Washington mit Kursen für Frauen ohne berufliche Fachausbildung; *Trimont House,* ein Studentenheim in Boston usw. Noch eine letzte Bemerkung: Der Einfluß des Werkes ist in jedem einzelnen Fall immer spiritueller und religiöser, nie zeitlicher Natur.

Verschiedenen Quellen zufolge sollen die Mehrzahl der Orden, besonders die Jesuiten, dem Opus Dei mit einer gewissen Feindseligkeit gegenüberstehen. Sind solche Gerüchte begründet oder gehören sie zu den Mythen, die sich oft in der Öffentlichkeit verbreiten, wenn bestimmte Zusammenhänge nicht genügend bekannt sind?

43 Obgleich wir keine Ordensleute sind und auch keine Ähnlichkeit mit ihnen haben, und auch keine Autorität in der Welt uns zwingen könnte, so etwas wie ein Orden zu werden, verehren und lieben wir im Opus Dei den Ordensstand. Jeden Tag bete ich dafür, daß alle Ordensleute weiterhin der Kirche die Früchte ihrer Tugenden, ihrer apostolischen Werke und ihrer Heiligkeit schenken. Die Gerüchte, die Sie erwähnen, sind nichts weiter als ... Gerüchte. Mitglieder vieler Orden und Kongregationen ha-

ben dem Opus Dei immer Anerkennung und Sympathie entgegengebracht, insbesondere viele Mitglieder der Klausurorden. Sie beten für uns, sie schreiben uns häufig und machen unser Werk auf tausenderlei Weise bekannt, denn sie wissen von unserem kontemplativen Leben inmitten der weltlichen Tätigkeiten. Der Generalsekretär des Opus Dei, Alvaro del Portillo, hatte gute Beziehungen zum letzten General der Jesuiten, und ich verkehre mit dem gegenwärtigen General, P. Arrupe, und wir schätzen uns gegenseitig. Falls es einiges Unverständnis gegeben haben sollte, würde dies nur Mangel an christlichem Geist bewiesen haben. Denn unser Glaube bedeutet Einheit, nicht Rivalität und Spaltung.

Wie steht das Werk zur Konzilserklärung über die Religionsfreiheit, insbesondere zu seiner Anwendung in Spanien, wo das „Protestantenstatut" immer noch nicht verabschiedet ist? Was ist von dem Vorwurf des „Integralismus" zu halten, der dem Werk gelegentlich gemacht worden ist?

Integralismus? Das Opus Dei steht weder „rechts" noch 44
„links" und auch nicht in der „Mitte". Ich als Priester bemühe mich, bei Christus zu stehen, der am Kreuz beide Arme öffnete und nicht nur einen. Von jeder Seite nehme ich in aller Freiheit das, was mich überzeugt. Und das läßt mich Herz und Arme offenhalten für alle Menschen. Jedes Mitglied im Werk ist völlig frei, im Rahmen des christlichen Glaubens seine Wahl zu treffen.

Was die Religionsfreiheit angeht, hat das Opus Dei seit dem ersten Tag seiner Gründung niemals irgendeinen Menschen diskriminiert; es lebt und arbeitet mit allen zusammen, denn in allen sieht es den Menschen, den es zu lieben und zu respektieren gilt. Das sind keine Redensarten. Unser Werk ist die erste katholische Organisation, die mit Zustimmung des Heiligen Stuhls auch Nichtkatholiken und Nichtchristen als Mitarbeiter aufnimmt. Ich habe immer die Freiheit der Gewissen verteidigt. Denn Gewalt verstehe ich nicht. Sie erscheint mir weder geeignet zu überzeugen noch zu siegen. Den Irrtum bekämpft man durch das Gebet, mit der Gnade Gottes, durch sachliche Beweisführung; niemals mit Gewalt, immer in Liebe. Das ist der Geist, den wir von Anfang an gelebt haben, und deshalb werden Sie verstehen, wie ich mich über die Lehren des Konzils zu diesem Thema gefreut habe. Was das Statut betrifft, das Sie erwähnen, so ist es nicht meine Aufgabe, diese Frage zu lösen, sondern die der Hierarchie in Spanien und der Katholiken des Landes. Ihnen kommt es zu, den Geist des Konzils in diesem konkreten Fall anzuwenden.

Manche Leser Ihres Buches „Der Weg" stoßen sich an dem Punkt 28: „Die Ehe ist für den Großteil des Heeres Christi, nicht aber für seinen Führungsstab." Bedeutet das eine Geringschätzung der Ehe, die dann dem Wunsch des Werkes, in der lebendigen Realität der modernen Welt gegenwärtig zu sein, widersprechen würde?

45 Lesen Sie den vorausgehenden Punkt im „Weg"! Dort steht, daß die Ehe eine göttliche Berufung ist. Das war um 1925 nicht oft zu hören. Den Schluß zu ziehen, zu dem Sie eben kamen, heißt meine Worte gründlich mißverstehen. Mit diesem Bild wollte ich genau das ausdrücken, was die Kirche immer über die Würde und den übernatürlichen Wert der apostolischen Ehelosigkeit gelehrt hat. Ich wollte dadurch gleichzeitig alle Christen daran erinnern, daß sie sich nach den Worten des heiligen Paulus als *milites Christi,* als Kämpfer Christi, fühlen müssen. Denn als Glieder des Volkes Gottes führen sie auf der Erde einen göttlichen Kampf für Verständnis, Frieden und Heiligkeit. In der ganzen Welt gibt es Tausende von Eheleuten, die zum Opus Dei gehören oder nach seinem Geiste leben. Sie alle wissen, daß ein Soldat in der gleichen Schlacht Auszeichnungen erwerben kann, in der der General feige geflohen ist.

Seit 1946 wohnen Sie in Rom. Welche Charakterzüge der Päpste, die Sie kannten, haben Sie in besonderer Erinnerung?

46 Nach der Allerheiligsten Dreifaltigkeit und unserer Mutter, der Jungfrau Maria, kommt für mich in der Hierarchie der Liebe gleich der Papst. Ich werde nie vergessen, daß es Pius XII. war,

der das Opus Dei zu einem Zeitpunkt approbierte, als dieser geistliche Weg manchen noch als Häresie erschien. Ebensowenig kann ich vergessen, daß die ersten Worte der Zuneigung, die ich 1946 in Rom hörte, von dem damaligen Msgr. Montini kamen. Jedesmal, wenn ich Gelegenheit hatte, Johannes XXIII. zu besuchen, haben mich seine herzlichen, väterlichen Züge tief beeindruckt. Einmal sagte ich zu ihm: „In unserem Werk haben immer alle Menschen, Katholiken oder Nichtkatholiken, einen Platz gefunden, an dem sie sich wohlfühlen konnten: den Ökumenismus habe ich nicht erst von Eurer Heiligkeit gelernt ..." Der Heilige Vater lächelte, innerlich bewegt. Was soll ich Ihnen sagen? Immer haben die Päpste – alle – Verständnis und Liebe für das Opus Dei gezeigt.

Vor anderthalb Jahren hatte ich Gelegenheit, Ihre Antworten auf die Fragen aus einem mehr als zweitausendköpfigen Publikum in Pamplona zu hören. Damals betonten Sie, daß die katholischen Christen sich als verantwortliche und freie Bürger verhalten müssen und „nicht von ihrem Katholisch-Sein leben dürfen". Welche Bedeutung und welche Auswirkungen messen Sie diesen Gedanken bei?

Das Verhalten von Leuten, die einen Beruf daraus machen, 47
sich katholisch zu nennen, oder auch von Leuten, die das Prinzip der persönlichen Freiheit, auf der die ganze christliche Morallehre ruht, nicht anerkennen wollen, hat mich immer peinlich berührt. Der Geist des Werkes und seiner Mitglieder besteht darin, der Kirche und allen Menschen zu dienen – und nicht darin, sich der Kirche zu bedienen. Es gefällt mir sehr, wenn der Christ Christus in seiner Haltung erweist und nicht in seinem Namen, und daß er damit ein wirkliches Zeugnis christlichen Lebens gibt. Der Klerikalismus stößt mich ab. Ich finde es verständlich, daß es neben einem üblen Antiklerikalismus auch jenen gesunden gibt, der aus der Liebe zum Priestertum erwächst und Widerstand leistet, wenn der einfache Gläubige oder der Priester eine heilige Sendung für rein irdische Ziele mißbraucht. Glauben Sie aber nicht, daß ich irgendjemand Bestimmten mit diesen Worten angreifen will. In unserem Werk gibt es nicht die

Tendenz, andere beiseite zu schieben, vielmehr wünschen wir, mit allen, die für Christus arbeiten, zusammenzuwirken; mit allen, Christen und Nichtchristen, die ihr Leben als eine herrliche Gelegenheit zu dienen begreifen. Im übrigen kommt es nicht so sehr auf den Nachdruck an, den ich selbst auf solche Gedanken, speziell seit 1928, gelegt habe, sondern auf jenen, den das Lehramt der Kirche ihnen gibt. Für einen armen Priester wie mich war es eine unbeschreibliche Freude, als das Konzil vor kurzem allen Christen in der Dogmatischen Konstitution *De Ecclesia* ins Gedächtnis rief, daß sie sich vollgültig als Bürger der irdischen Stadt fühlen sollen, daß sie in allem menschlichen Tun mit Sachverstand und Liebe zu den Menschen arbeiten sollen, um hierbei die christliche Vollkommenheit zu suchen, zu der sie berufen sind aufgrund der einfachen Tatsache ihrer Taufe.

WAS IST DAS ANZIEHENDE AM OPUS DEI?*

Inwieweit kann man von einer wirtschaftlichen oder politischen Ausrichtung des Opus Dei in Spanien sprechen? Und könnten Sie diese, falls es sie gibt, näher bestimmen?

Das Opus Dei hat keinerlei wirtschaftliche oder politische Ausrichtung, weder in Spanien noch anderswo. Im Geiste Christi verteidigen seine Mitglieder allerdings stets die persönliche Freiheit und die Rechte aller Menschen: auf Leben und Arbeit, auf Fürsorge bei Krankheit und im Alter, auf die Gründung einer Familie, auf Kinder und auf eine ihren Fähigkeiten und Anlagen entsprechende Erziehung, und schließlich das Recht darauf, als Mensch und Staatsbürger ernstgenommen zu werden. Aber das Werk weist sie in keine bestimmte Richtung, weder im wirtschaftlichen noch im politischen, noch im kulturellen Bereich. Jedes Mitglied besitzt volle Freiheit, in diesen Fragen nach eigenem Ermessen zu entscheiden und zu handeln. In allen zeitlichen Belangen sind die Mitglieder des Werkes vollkommen frei. Im Opus Dei gibt es Platz für Menschen aller politischen, kulturellen, sozialen und wirtschaftlichen Auffassungen, die ein christliches Gewissen vertreten kann. 48

Ich spreche niemals über Politik. Meine Aufgabe als Priester ist ausschließlich geistlicher Art. Im übrigen bestünde für die Mitglieder des Opus Dei, auch wenn ich einmal eine Meinung zu einem rein zeitlichen Problem äußern sollte, keinerlei Verpflichtung, sich ihr anzuschließen.

Die Leiter des Werkes dürfen niemals den anderen Mitgliedern politische oder berufliche Richtlinien geben. Sollte den-

* Interview von Tad Szulc, Korrespondent der *New York Times* (7. Oktober 1966).

noch einmal ein Mitglied des Werkes so etwas versuchen oder sich anderer Mitglieder für rein menschliche Ziele bedienen wollen, so würde dieses Mitglied sofort ausgeschlossen, weil sich die anderen mit Recht dagegen wehren würden.

Ich habe nie einen Angehörigen des Opus Dei gefragt, für welche Partei oder für welche politische Überzeugung er eintritt, und werde auch nie danach fragen, denn das schiene mir wie ein Anschlag auf seine legitime persönliche Freiheit. Und diese Haltung wird von allen, die im Opus Dei Leitungsaufgaben haben, geteilt. Ich weiß, daß es unter den Mitgliedern des Opus Dei, sowohl in Spanien wie in jedem anderen Land, tatsächlich eine bunte Vielfalt von Meinungen gibt. Ich habe nichts dagegen. Ich respektiere sie alle und ich werde immer die Überzeugung eines jeden achten, der bestrebt ist, nach seinem Gewissen zu handeln. Dieser Pluralismus ist für das Werk kein Problem. Er ist vielmehr ein Zeichen des guten Geistes und stellt die legitime Freiheit jedes einzelnen unter Beweis.

Ist es Mythos, Halbwahrheit oder Wirklichkeit, daß das Opus Dei sich in Spanien dank der Stellung seiner Mitglieder in der Politik und in der Wirtschaft in eine politische und wirtschaftliche Macht verwandelt hat?

49 Das ist einfach ein Irrtum. Die meisten Mitglieder des Opus Dei leben in gewöhnlicher und sogar bescheidener sozialer Stellung als Handwerker, Angestellte, Landarbeiter, Beamte, Lehrer usw. Es gibt auch einige – im Vergleich mit den eben genannten wenige –, die beruflich in der Politik oder in der Wirtschaft tätig sind. Die einen wie die anderen handeln in voller persönlicher Eigenständigkeit und Eigenverantwortlichkeit.

Das Opus Dei hat ausschließlich geistliche Ziele. Von seinen Mitgliedern, ganz gleich ob sie in der Gesellschaft besonders einflußreich sind oder nicht, verlangt das Opus Dei lediglich, daß sie sich bemühen, ein konsequent christliches Leben zu führen. Es gibt ihnen keine Richtlinien über die Art, wie sie arbeiten sollen. Es versucht nicht, ihre Arbeit zu koordinieren, und bedient sich nicht der beruflichen Stellungen, die die Mitglieder innehaben.

In dieser Hinsicht könnte man das Opus Dei mit einem Sportverein oder irgendeiner Wohltätigkeitsvereinigung vergleichen, die mit der politischen oder wirtschaftlichen Tätigkeit ihrer Mitglieder nichts zu tun haben.

Wenn die Behauptung der Mitglieder stimmt, daß das Opus Dei eine ausschließlich religiöse Vereinigung ist und daher jedes Mitglied seine persönlichen Überzeugungen frei vertreten kann, wie erklären Sie dann die weitverbreitete Meinung, das Opus Dei sei eine monolithische Organisation mit sehr präzisen Vorstellungen in zeitlichen Belangen?

Mir scheint, so weit verbreitet ist diese Meinung gar nicht. 50
Zahlreiche angesehene Blätter der Weltpresse haben den Pluralismus der Mitglieder des Werkes anerkannt. Es stimmt freilich, daß manche Leute die irrtümliche Meinung, die Sie erwähnen, verbreitet haben. Möglicherweise haben dabei einige von ihnen, aus verschiedenen Gründen, wider ihr besseres Wissen gehandelt. In vielen anderen Fällen mag die Unkenntnis, die vielleicht aus mangelhafter Information herrührt, daran schuld sein. Wenn umfassende Information fehlt, ist es nicht verwunderlich, daß manch einer, dessen Interesse nicht so weit reicht, sich durch persönlichen Kontakt mit dem Opus Dei besser zu informieren, dem Werk als Ganzem die privaten Ansichten einzelner Mitglieder zuschreibt. In der Tat wird niemand, der über die spanischen Verhältnisse halbwegs unterrichtet ist, das Vorhandensein eines echten Pluralismus unter den Mitgliedern des Werkes übersehen können. Wahrscheinlich könnten Sie selbst viele Beispiele anführen.

Ein weiterer Grund dürfte in dem unterschwelligen Vorurteil derer zu suchen sein, die im Politischen wie im Religiösen das Monopol einer Einheitspartei verfechten. Wer einer solchen Denkweise verhaftet ist und seine Meinung allen aufzwingen möchte, dem will es schwer in den Kopf, daß andere die Freiheit ihres Gegenübers zu achten wissen. Und so dichten sie dem Werk die monolithische Parteidisziplin ihrer eigenen Gruppen an.

Viele sind der Meinung, daß das Opus Dei als Organisation über beträchtliche finanzielle Mittel verfügt. Und tatsächlich betreibt das Opus Dei vielerlei Tätigkeiten im erzieherischen und sozialen Bereich. Könnten Sie uns erklären, wie es solche Einrichtungen verwaltet, das heißt, wie die Finanzmittel aufgebracht, koordiniert und eingesetzt werden?

51 Es stimmt, daß das Opus Dei in allen Ländern, in denen es arbeitet, Einrichtungen erzieherischer und sozialer Zielsetzung unterhält. Solche Tätigkeiten bilden jedoch nicht die Hauptaufgabe des Werkes. Das einzige Ziel des Opus Dei ist es, dazu beizutragen, daß viele und ständig mehr Männer und Frauen alles in ihren Kräften Stehende tun, um mitten in ihren Alltagsbeschäftigungen als echte Christen und so als Zeugen Christi zu leben. Die Einrichtungen, auf die Sie sich beziehen, dienen sämtlich diesem Ziel. Darum beruht die Wirksamkeit unserer ganzen Tätigkeit auf der Gnade Gottes und auf einem Leben des Gebetes, der Arbeit und des Opfers. Aber selbstverständlich kommt keine Unternehmung erzieherischen oder sozialen Charakters ohne wirtschaftliche Mittel aus.

Unsere Einrichtungen dieser Art werden auf ganz normale Weise finanziert. So beziehen zum Beispiel die Studentenheime Einkünfte aus der Miete der Heimbewohner, die höheren Schulen aus dem Unterrichtsgeld der Schüler, die Landwirtschaftsschulen aus dem Verkauf ihrer Erzeugnisse. Aber natürlich reichen diese Einnahmen fast nie aus, um die Ausgaben dieser Einrichtungen zu decken, vor allem auch deshalb nicht, weil alle Tätigkeiten des Opus Dei unter dem Gesichtspunkt des Apostolates konzipiert sind und sich in der Mehrzahl an Leute mit geringen wirtschaftlichen Möglichkeiten wenden, die oftmals für das Bildungsangebot nur einen symbolischen Betrag zahlen. Um solche Tätigkeiten zu ermöglichen, rechnen wir auch mit den Beiträgen der Mitglieder des Opus Dei, die diesen Werken einen Teil des Geldes zuführen, das sie durch ihre berufliche Arbeit verdienen. Vor allem aber rechnen wir mit der Hilfe vieler, die nicht dem Opus Dei angehören, aber an Aufgaben von sozialer oder erzieherischer Bedeutung mitarbeiten wollen. Diejenigen, die in einer solchen Einrichtung arbeiten, sprechen viele Hilfswillige an, fördern unter ihnen apostolischen Eifer, soziales Gespür und Gemeinschaftssinn und gewinnen so manchen aktiven Mitarbeiter und Helfer für ihr jeweiliges Unternehmen. Eben weil diese Unternehmen, die von qualifizierten Kräften mit Sachkenntnis geleitet werden, echten Bedürfnissen der Gesellschaft entsprechen, finden sie im allgemeinen ein weites Echo. So wird Ihnen beispielsweise bekannt sein, daß die Vereinigung der Förderer der Universität von Navarra rund 12 000 Mitglieder zählt. Jede dieser Einrichtungen ist in ihrer Finanzierung und Verwaltung autonom, unabhängig, und stützt sich, um die nötigen Geldmittel aufzubringen, auf die Hilfe derer, die an ihrer konkreten Arbeit interessiert sind.

Wären Sie mit der Behauptung einverstanden, daß das Opus Dei Unternehmen wie Banken und Zeitungsverlage tatsächlich „kontrolliert“? Wenn es so ist, was bedeutet dann „Kontrolle“ in diesem Zusammenhang?

Es gibt einige Mitglieder des Opus Dei – allerdings weit weni- 52
ger, als manchmal behauptet wird –, die beruflich in der Leitung von Unternehmen verschiedener Art arbeiten. Einige leiten Familienunternehmen, die sie von ihren Eltern geerbt haben. Andere sind im Vorstand von Gesellschaften, die sie allein oder zusammen mit anderen Berufskollegen gegründet haben. Andere sind von den Eigentümern eines Unternehmens zu Geschäftsführern eingesetzt worden, weil man auf ihre Kenntnisse und Fähigkeiten vertraute. Sie sind zu ihrer Stellung gelangt auf dem normalen Wege der persönlichen Bewährung im freien beruflichen Leistungswettbewerb, der jedem zur Erreichung einer solchen Position offensteht. Anders gesagt: diese Tatsache hat mit ihrer Zugehörigkeit zum Opus Dei nichts zu tun.

Die Unternehmensleiter, die dem Opus Dei angehören, bemühen sich wie alle anderen Mitglieder, in ihrem Beruf den Geist des Evangeliums zu leben. Das erfordert von ihnen an erster Stelle, daß sie in ihrer Arbeit gewissenhaft nach den Grundsätzen der Gerechtigkeit und Lauterkeit handeln. Deshalb werden sie ihren Arbeitnehmern einen gerechten Lohn zahlen, die Rechte der Aktionäre, der Eigentümer oder der Gesellschaft achten und die Gesetze des Landes respektieren. Sie werden auch jede Art von Parteinahme oder Begünstigung gegenüber anderen, seien sie vom Opus Dei oder nicht, sorgfältig meiden. Ich denke, jede Art von Protektionismus widerspricht nicht nur dem Streben nach christlicher Vollkommenheit – und dieses Streben ist es gewesen, das sie zum Werk geführt hat –, sondern auch den elementarsten ethischen Forderungen des Evangeliums.

Über die vollkommene Freiheit der Mitglieder des Werkes in ihrer beruflichen Arbeit habe ich vorhin schon gesprochen. Sie bedeutet in diesem Fall, daß diejenigen Mitglieder, die ein Unternehmen führen, sich dabei ganz nach ihrer persönlichen Einsicht und ihrem Urteil richten, ohne daß sie von den Leitern des Werkes irgendwelche Richtlinien hinsichtlich ihrer Arbeit erhielten. Sowohl die Wirtschafts- und Finanzpolitik in der Unternehmensführung als auch die intellektuelle Ausrichtung etwa eines meinungsbildenden Unternehmens gehören ausschließlich in den Bereich ihrer persönlichen Verantwortung. Deshalb entbehrt eine Darstellung des Opus Dei als einer „Zentralstelle", die in wirtschaftlichen oder sonstigen weltlichen Angelegenheiten Richtlinien erteilt, jeder Grundlage.

Wie ist das Opus Dei in Spanien organisiert? Wie wird es geleitet und von wem? Nehmen Sie selbst teil an der Leitung der Tätigkeiten des Opus Dei in Spanien?

53 Die Leitungsaufgaben werden im Opus Dei[1] immer kollegial, niemals von einzelnen wahrgenommen. Wir verabscheuen die Tyrannei, denn sie verstößt gegen die Würde des Menschen. In den einzelnen Ländern liegt die Leitung unserer Arbeit in Händen einer Kommission, die sich größtenteils aus Laien verschiedener Berufe zusammensetzt. Vorsitzender dieser Kommission ist der Consiliarius des Opus Dei in dem betreffenden Land. In Spanien ist der derzeitige Consiliarius Dr. Florencio Sánchez Bella.

Da das Opus Dei eine Organisation religiösen und geistlichen Charakters ist, beschränkt sich die Ausübung seiner Leitungsfunktionen auf die apostolische Arbeit unter Ausschluß jedweder weltlichen Zielsetzung. Die Leitung des Opus Dei achtet nicht nur die Freiheit der Mitglieder, sie sorgt dafür, daß die Mitglieder ein deutliches Bewußtsein dieser Freiheit haben. Um wirksam die christliche Vollkommenheit im Beruf, durch die Arbeit, anstreben zu können, müssen die Mitglieder des Werkes

[1] Vgl. Anmerkung zu Nr. 35.

gelernt haben, mit ihrer eigenen Freiheit umzugehen: im wachen Bewußtsein der Gegenwart Gottes, in aufrichtiger Frömmigkeit und im Besitz der nötigen theologischen Bildung. Darin liegt die Hauptaufgabe der Leiter unseres Werkes: allen Mitgliedern zu einer tiefen Kenntnis des christlichen Glaubens und zu seiner konsequenten Ausübung zu verhelfen, damit der einzelne diesen Glauben im eigenen Leben und mit voller Autonomie in die Tat umsetzt. Freilich ist im eigentlichen apostolischen Bereich eine gewisse Koordinierung nötig, aber selbst hier beschränkt sie sich auf das unerläßliche Mindestmaß, um die Einrichtung von erzieherischen und sozialen Unternehmungen für einen wirksamen christlichen Dienst zu ermöglichen.

Dieselben Grundsätze, die ich eben erläutert habe, gelten für die zentrale Leitung des Werkes. Ich leite das Werk nicht allein; die Entscheidungen werden im Generalrat des Opus Dei getroffen, der seinen Sitz in Rom hat und dem gegenwärtig Mitglieder aus vierzehn Ländern angehören. Der Generalrat beschränkt sich darauf, die Grundlinien des Apostolates des Werkes in der ganzen Welt festzulegen, und überläßt den Leitern der einzelnen Länder einen weiten Spielraum für ihre eigenen Initiativen. In der weiblichen Abteilung ist die Organisation ähnlich. Ihrem Zentralrat gehören Frauen aus zwölf Ländern an.

Was ist nach Ihrer Meinung der Grund, weshalb einige Ordensgemeinschaften, wie zum Beispiel die Gesellschaft Jesu, über das Opus Dei verstimmt sind?

Ich kenne eine Vielzahl von Ordensangehörigen, die wissen, 54
daß wir keine Ordensleute sind, und die unsere Zuneigung ihnen gegenüber aufrichtig erwidern sowie für die apostolische Arbeit des Opus Dei beten und opfern.

Was die Gesellschaft Jesu anbelangt, so kenne ich ihren General P. Arrupe und stehe in Kontakt mit ihm. Ich kann Ihnen versichern, daß wir uns gegenseitig sehr schätzen. Vielleicht ist Ihnen irgendein Ordensmann begegnet, der unser Werk nicht versteht. Wenn es so ist, wird es wohl auf ein Mißverständnis zurückzuführen sein oder auf mangelnde Kenntnis unserer Arbeit, die spezifisch laikal und säkular ist und sich daher auf einem Feld entwickelt, das von dem den Ordensleuten eigenen Aufgabenbereich ganz verschieden ist. Wir schätzen und lieben alle Ordensleute und bitten Gott, daß er ihren Dienst in der Kirche und an der ganzen Menschheit immer wirksamer mache. Niemals wird es einen Streit zwischen dem Opus Dei und irgendwelchen Ordensleuten geben, denn zu einem Streit gehören zwei, und wir möchten mit niemandem streiten.

Wie erklären Sie die wachsende Bedeutung, die dem Opus Dei zuerkannt wird? Geht sie nur auf die Anziehungskraft seiner Lehre zurück, oder spiegeln sich darin auch bestimmte Erwartungen unserer Zeit?

55 Der Herr rief im Jahre 1928 das Opus Dei ins Leben, damit es die Christen daran erinnern helfe, daß nach dem Wort der Genesis Gott den Menschen schuf, damit er arbeite. Wir sind gekommen, um von neuem auf das Beispiel Christi aufmerksam zu machen, der dreißig Jahre lang in Nazareth gearbeitet und ein Handwerk ausgeübt hat. Unter den Händen Christi wird die Arbeit – eine berufliche Arbeit, wie sie Millionen von Menschen in der ganzen Welt verrichten – zu einem göttlichen Werk, zu einer Erlösungstat und zu einem Weg des Heiles.

Der Geist des Opus Dei greift die herrliche, jahrhundertelang von vielen Christen vergessene Wirklichkeit auf, daß jede Arbeit, die im Menschlichen lauter und rechtschaffen ist, zu einem göttlichen Tun werden kann. Wenn man Gott dienen will, gibt es keine belanglosen oder zweitrangigen Arbeiten: alle sind von größter Bedeutung.

Um Gott zu lieben und ihm zu dienen, ist es nicht nötig, auffallende Dinge zu tun. Alle Menschen ohne Ausnahme ruft Christus auf, vollkommen zu sein, wie ihr himmlischer Vater vollkommen ist (Mt 5,48). Heiligwerden bedeutet für die überwiegende Mehrzahl der Menschen, ihre eigene Arbeit zu heiligen, sich in dieser Arbeit selbst zu heiligen und die anderen durch die Arbeit zu heiligen, damit sie täglich auf dem Weg ihres Lebens Gott begegnen.

Die gegenwärtige gesellschaftliche Entwicklung, die eine immer stärkere Bewertung der Arbeit mit sich bringt, erleichtert offensichtlich den Menschen unserer Zeit das Verständnis für diesen Aspekt der christlichen Botschaft, den die Spiritualität des Opus Dei so sehr hervorhebt. Entscheidender aber ist das Wehen des Heiligen Geistes, der in seinem lebenspendenden Wirken unsere Zeit zum Zeugen einer tiefen Erneuerung im ganzen Christentum hat machen wollen. Liest man die Dekrete des Zweiten Vatikanischen Konzils, so erscheint als ein wichtiger Teil dieser Erneuerung gerade die neue Wertschätzung der gewöhnlichen Arbeit und der Würde der Berufung zu einem christlichen Leben und Arbeiten mitten in der Welt.

Wie entwickelt sich das Opus Dei außerhalb Spaniens? Welchen Einfluß hat es in den Vereinigten Staaten, England, Italien usw.?

Dem Opus Dei gehören gegenwärtig Menschen aus achtundsechzig Ländern an. Sie arbeiten in allen amerikanischen und westeuropäischen Ländern und in einigen Ländern Afrikas, Asiens und Australiens. Der Einfluß des Opus Dei in all diesen Ländern ist geistlicher Natur. Er besteht wesentlich darin, daß wir allen, die sich bereit finden, zu helfen suchen, in ihrem Alltag tiefer den Geist des Evangeliums zu leben. Es sind Leute der verschiedensten Berufe und Milieus; angefangen bei den Bauern in abgelegenen Dörfern der Anden bis hin zu den Bankiers von der Wall Street. Ihnen allen zeigt das Opus Dei, daß ihre gewöhnliche Arbeit, sei sie nun menschlich bescheiden oder glanzvoll, einen großen Wert hat und ein sehr wirksames Mittel sein kann, um ihrer Liebe zu Gott und zu den Menschen in einem beständigen Dienst Gestalt zu geben. Es lehrt sie, alle Menschen zu lieben, ihre Freiheit zu achten, durch ihre in persönlicher Verantwortung verrichtete Arbeit Unverständnis und Intoleranz unter den Menschen überwinden zu helfen und sich für eine gerechtere Gesellschaft einzusetzen. Dies ist der einzige Einfluß des Opus Dei, wo immer es arbeitet. 56

Um noch kurz auf die sozialen und erzieherischen Initiativen einzugehen, die das Werk korporativ ins Leben ruft, ist festzuhalten, daß sie sich überall je nach den konkreten Gegebenheiten und gesellschaftlichen Notwendigkeiten richten. Über alle diese Tätigkeiten kann ich Ihnen keine Einzelheiten angeben, da unsere Organisation, wie ich schon vorher bemerkte, sehr dezentralisiert ist. Als ein Beispiel unter vielen könnte ich *Midtown Sports and Cultural Center* in Chicago erwähnen, das den Bewohnern des Viertels Near West Side Bildungs- und Sportprogramme bietet. Eine der Hauptaufgaben, die es sich gestellt hat, besteht darin, ein besseres gegenseitiges Verständnis und ein aufgeschlosseneres Zusammenleben der verschiedenen dort wohnenden Volksgruppen zu fördern. Interessant ist auch die Arbeit des Instituts *The Heigths* in Washington, wo Kurse zur Berufsorientierung, Spezialprogramme für besonders begabte Schüler und Studenten usw. durchgeführt werden.

In England könnte man die Arbeit der Studentenwohnheime hervorheben, die den Studenten nicht nur Wohnung, sondern zugleich reiche Möglichkeiten kultureller sowie menschlich-geistlicher Bildung anbieten. Seines internationalen Charakters wegen verdient *Netherhall House* in London besondere Beachtung. In diesem Studentenheim haben bisher Studenten aus mehr als fünfzig Ländern gewohnt. Viele von ihnen sind keine Christen, denn die Häuser des Opus Dei stehen offen für jedermann, ohne Unterschied von Rasse und Religion. Um diese Liste nicht noch zu verlängern, möchte ich nur noch das *Centro Internazionale della Gioventù lavoratrice* in Rom erwähnen. Dieses Berufsschulzentrum für junge Arbeiter wurde von Papst Johannes XXIII. dem Opus Dei anvertraut und vor einem knappen Jahr von Paul VI. eingeweiht.

Wie sehen Sie die Zukunft des Opus Dei in den kommenden Jahren?

57 Das Opus Dei ist noch sehr jung. Neununddreißig Jahre sind für eine Vereinigung dieser Art kaum ein Anfang. Unsere Aufgabe ist es, zusammen mit allen Christen an dem großen Werk mitzuarbeiten, Zeugen des Evangeliums Christi zu sein, und daran zu erinnern, daß diese Frohbotschaft jeder menschlichen Situation Lebenskraft einzuflößen vermag. Die Arbeit, die auf uns wartet, ist gewaltig. Sie ist ein Meer ohne Ufer, denn – mögen die Produktionsformen sich auch noch so sehr wandeln – solange es Menschen auf der Erde gibt, werden sie Arbeit haben, die sie Gott aufopfern, die sie heiligen können. Mit Hilfe der Gnade Gottes möchte das Werk sie lehren, aus dieser Arbeit einen Dienst an allen Menschen zu machen, gleich welcher Herkunft, Rasse oder Religion sie sind. Und indem sie so den Menschen dienen, werden sie Gott dienen.

DAS OPUS DEI UND DAS STREBEN NACH HEILIGKEIT IN DER WELT*

Das Opus Dei spielt eine wichtige Rolle im derzeitigen Entwicklungsprozeß des Laienstandes. Wir möchten Sie deshalb an erster Stelle fragen, welches nach Ihrer Meinung die wichtigsten Merkmale dieses Prozesses sind?

Es ist immer meine Auffassung gewesen, daß das Bewußtsein 58
von der Würde der christlichen Berufung das grundlegende Merkmal im Entwicklungsprozeß des Laienstandes ist. Der Anruf Gottes, das Siegel der Taufe und die Gnade bewirken, daß jeder Christ den Glauben voll und ganz verwirklichen kann und muß. Jeder Christ muß unter den Menschen *alter Christus, ipse Christus* (ein anderer Christus, Christus selbst) sein. Der Heilige Vater hat es unmißverständlich ausgesprochen: ,,Wir müssen der Tatsache, daß wir getauft und durch dieses Sakrament dem mystischen Leibe Christi, der Kirche, eingepflanzt sind, ihre volle Bedeutung wiedergeben. (...) Das Christsein, der Empfang der Taufe, darf nicht als etwas Gleichgültiges angesehen werden, das keine besondere Beachtung verdient; es muß tief und beglükkend das Bewußtsein des Getauften prägen.“ *(Ecclesiam suam,* Teil I).

Diese Gedanken vermitteln eine tiefere Einsicht in das Wesen 59
der Kirche, die sich darstellt als eine durch alle Gläubigen gebildete Gemeinschaft, so daß wir alle Mitträger einer gemeinsamen Aufgabe sind, ein jeder nach seinen persönlichen Bedingungen. Dank dem Antrieb des Heiligen Geistes werden sich die Laien

* Interview von Enrico Zuppi und Antonino Fugardi, veröffentlicht in *L'Osservatore della Domenica* (Rom, 19. und 26. Mai; 2. Juni 1968).

immer mehr dessen bewußt, daß sie *Kirche sind,* daß sie eine spezifische, erhabene und notwendige – da gottgewollte – Aufgabe haben. Sie wissen auch, daß diese Aufgabe von ihrem Christsein selbst abhängt und nicht notwendigerweise von einem Auftrag der Hierarchie, auch wenn es selbstverständlich ist, daß die Laien diese Aufgabe in Einheit mit der kirchlichen Hierarchie und in Übereinstimmung mit dem Lehramt erfüllen müssen. Ohne Einheit mit dem Bischofskollegium und mit seinem Haupt, dem Papst, kann es nämlich für einen katholischen Christen keine Einheit mit Christus geben.

Die spezifische Art der Laien, ihren Beitrag zur Heiligkeit und zum Apostolat der Kirche zu leisten, besteht im freien und verantwortlichen Wirken inmitten der zeitlichen Gegebenheiten, so daß sie den Sauerteig der christlichen Botschaft überall hintragen können. Das Zeugnis, das ein Christ durch sein Leben gibt, sein Wort, das im Namen Gottes Licht bringt, und sein verantwortliches Handeln im Dienst der Mitmenschen, mit dem er zur Lösung der gemeinsamen Probleme beiträgt, all das sind verschiedene Arten, wie der gewöhnliche Christ durch seine Gegenwart einen göttlichen Auftrag erfüllt. Seit sehr vielen Jahren, seit dem Gründungstag des Opus Dei selbst, habe ich jene Worte Christi, die Johannes uns überliefert, selbst betrachtet und andere betrachten lassen: *Et ego, si exaltatus fuero a terra, omnia traham ad meipsum* (Joh 12,32). Christus zieht durch seinen Tod am Kreuz die ganze Schöpfung an sich, und in seinem Namen sollen die Christen durch ihre Arbeit mitten in der Welt alle Dinge mit Gott versöhnen. Dies erreichen sie dadurch, daß sie Christus zum Ziel allen menschlichen Tuns erheben.

Zugleich mit diesem Bewußtwerden der Laien vollzieht sich – das möchte ich hinzufügen – auch eine analoge Entwicklung im Verständnis der Hirten. Sie erkennen *das Spezifische* der Laienberufung. Diese Berufung muß durch eine Seelsorge gefördert und begünstigt werden, die mitten im Volk Gottes das Charisma der Heiligkeit und des Apostolates in den zahllosen und unterschiedlichen von Gott gewährten Formen entdeckt.

Diese neue Form der Seelsorge stellt sehr hohe Anforderungen, aber sie ist meiner Meinung nach absolut notwendig. Sie erfordert die übernatürliche Gabe der Unterscheidung der Geister, ein feines Gespür für die Dinge Gottes und die Demut, eigene Vorstellungen anderen nicht aufzudrängen, und dem zu dienen, was Gott in den Seelen wecken will. Mit einem Wort: sie erfordert die Liebe zur rechtmäßigen Freiheit der Kinder Gottes, die Christus begegnen und zu Trägern Christi werden, indem sie Wege gehen, die voneinander verschieden, aber alle in gleicher Weise göttlich sind.

Eine der größten Gefahren, die die Kirche heute bedrohen, könnte darin bestehen, diese göttlichen Forderungen der christlichen Freiheit nicht anzuerkennen und aus Gründen einer vermeintlich größeren Wirksamkeit den Christen eine weitgehende Gleichschaltung aufzwingen zu wollen. Diese Einstellung wurzelt zwar in dem legitimen und löblichen Wunsch, die Kirche möge ein Zeugnis geben, das die moderne Welt mitreißt, und dennoch fürchte ich sehr, daß dieser Weg verkehrt ist. Einerseits könnte er die Hierarchie in zeitliche Dinge verwickeln und zu einem neuartigen, aber nicht minder verhängnisvollen Klerikalismus als dem vergangener Jahrhunderte führen; andererseits könnte er die Laien, die gewöhnlichen Christen, von der Welt, in der sie leben, abkapseln und zu Vertretern von Entscheidungen oder Ideen machen, die außerhalb dieser ihrer Welt entstanden sind.

Mir scheint, daß von uns Priestern gerade die *Demut verlangt wird zu lernen, nicht modisch,* sondern echte Diener der Diener Gottes zu sein gemäß dem Wort des Täufers: *illum oportet crescere, me autem minui* (Joh 3,30) – er muß wachsen, und ich muß abnehmen –, damit die gewöhnlichen Christen, die Laien, Christus in allen Bereichen der Gesellschaft gegenwärtig machen. Eine der wichtigsten Aufgaben des Priesters wird immer darin bestehen, in der christlichen Lehre zu unterweisen; den Mitmenschen zu helfen, die persönlichen und sozialen Forderungen des Evangeliums zu erfassen; darauf hinzuwirken, daß die Zeichen der Zeit in richtiger Weise erkannt werden. Aber alle priesterliche Arbeit muß sorgfältig die rechtmäßige Freiheit der Gewissen achten, weil jeder einzelne Mensch frei auf Gott antworten muß. Aber abgesehen von dieser Hilfe des Priesters empfängt auch jeder einzelne Katholik von Gott Klarheit. Er besitzt die Standesgnade, um die spezifischen Aufgaben zu verwirklichen, die er als Mensch und als Christ erhalten hat.

Wer der Meinung ist, es sei für ein Vernehmlich-Machen der Stimme Christi in der Welt vonnöten, daß der Klerus spreche oder sich überall zeige, hat wenig von der Würde der göttlichen

Berufung aller und jedes einzelnen christlichen Gläubigen begriffen.

Welche Aufgabe hat das Opus Dei bisher verwirklicht und welche verwirklicht es heute? In welcher Form arbeiten die Mitglieder mit anderen Vereinigungen auf diesem Gebiet zusammen?

60 Es steht mir nicht zu, ein historisches Urteil über das abzugeben, was das Opus Dei bisher mit der Gnade Gottes gewirkt hat. Ich möchte nur betonen, daß das ganze Bemühen des Opus Dei dahin geht, das Streben nach Heiligkeit und die Ausübung des Apostolates durch die Christen, die in der Welt leben, zu fördern, gleich welchem Stande oder Beruf sie angehören.

Diese Christen sind durch ihre familiären, freundschaftlichen und beruflichen Bande sowie durch ihr berechtigtes Streben in der Gesellschaft verwurzelt. Um zu dem Verständnis beizutragen, daß ihr Leben, so wie es ist, Anlaß zu einer Begegnung mit Christus, das heißt zu einem Weg der Heiligkeit und des Apostolates werden kann – dazu ist das Werk entstanden. Christus ist in jeder rechtschaffenen menschlichen Tätigkeit zugegen. Das Leben eines einfachen Christen, das manchem gewöhnlich und mittelmäßig vorkommen mag, kann und muß ein heiliges und heiligendes Leben sein.

Mit anderen Worten: Um Christus zu folgen, um der Kirche zu dienen, um den anderen Menschen zu helfen, daß sie ihre ewige Bestimmung erkennen, braucht man nicht die Welt zu verlassen oder sich von ihr zu entfernen. Es ist auch nicht nötig, sich einer kirchlichen Aufgabe zu widmen. Die notwendige und hinreichende Bedingung dafür ist, die Aufgaben, die Gott für jeden einzelnen vorgesehen hat, an der von Ihm gewollten Stelle und in der von Ihm bestimmten Umgebung zu erfüllen.

Da nun die Mehrzahl der Christen von Gott den Auftrag empfängt, die Welt *von innen her* zu heiligen und dabei in den zeitlichen Gegebenheiten zu verbleiben, hilft das Opus Dei ihnen, diesen göttlichen Auftrag zu entdecken, indem es ihnen zeigt, daß die menschliche Berufung – im Beruf, in der Familie und in der Gesellschaft – der übernatürlichen Berufung nicht entgegensteht, sondern ganz im Gegenteil deren fester Bestandteil ist.

Einzige und ausschließliche Aufgabe des Opus Dei ist die

Verbreitung dieser Botschaft des Evangeliums unter allen Menschen, die in der Welt leben und arbeiten, gleich in welcher Umgebung und in welchem Beruf. Allen, die dieses Ideal der Heiligkeit verstehen, gibt das Werk die geistlichen Mittel und die lehrmäßige, asketische und apostolische Ausbildung, die notwendig sind, um es dann im eigenen Leben zu verwirklichen.

Die Mitglieder des Opus Dei handeln nicht gruppenweise, sondern einzeln, in persönlicher Freiheit und Verantwortung. Gerade aus diesem Grunde ist das Werk keine *geschlossene Organisation,* und es vereinigt in keiner Weise seine Mitglieder, um sie von den anderen Menschen abzukapseln. Die korporativen Werke, übrigens die *einzigen* Unternehmungen, die das Opus Dei leitet, stehen allen Menschen offen, ohne daß Unterschiede gesellschaftlicher, kultureller oder religiöser Art gemacht würden. Und gerade weil die Mitglieder sich in der Welt heiligen müssen, arbeiten sie mit allen Menschen zusammen, mit denen sie durch ihre Arbeit oder durch ihre Teilnahme am bürgerlichen Leben verbunden sind.

Wesentlicher Bestandteil des christlichen Geistes ist nicht allein die Einheit mit der Hierarchie – mit dem Papst und den Bischöfen –, sondern auch die Verbundenheit mit den übrigen Brüdern im Glauben. Seit langem bin ich der Meinung, daß eines der größten Übel der Kirche unserer Zeit in der Unkenntnis vieler Katholiken darüber besteht, was die Katholiken anderer Länder und anderer gesellschaftlicher Schichten denken und tun. Es tut not, diese Brüderlichkeit, die von den ersten Christen so tief gelebt wurde, wieder zu erneuern. Auf diese Weise werden wir uns vereint wissen und gleichzeitig die Vielfalt der persönlichen Berufungen lieben. Und so werden viele ungerechte und beleidigende Urteile vermieden werden, die bestimmte kleine Gruppen im Namen des Katholizismus gegen andere Glaubensbrüder verbreiten, die in ihrem Land unter den besonderen Umständen rechtschaffen und opferbereit handeln. 61

Es ist wichtig, daß jedermann dem an ihn ergangenen göttlichen Ruf treu zu folgen bemüht ist und so der Kirche die Früchte seines von Gott empfangenen Charismas nicht vorenthält. Die besondere Aufgabe der Mitglieder des Opus Dei, die gewöhnliche Christen sind, ist die Heiligung der Welt von innen her, indem sie an den verschiedensten menschlichen Tätigkeiten teilnehmen. Da ihre Zugehörigkeit zum Werk ihre Stellung in der

Welt nicht ändert, beteiligen sie sich in der jeweils geeigneten Form an gemeinschaftlichen religiösen Feiern, am Leben der Pfarrei usw. Auch in dieser Hinsicht sind sie normale Bürger, die gute katholische Christen sein wollen.

In der Regel widmen sich die Mitglieder des Werkes allerdings nicht den konfessionellen Tätigkeiten. Nur in außergewöhnlichen Fällen und auf ausdrücklichen Wunsch der Hierarchie arbeitet das eine oder andere Mitglied des Werkes in kirchlichen Einrichtungen. Hinter dieser Haltung steckt weder der Wunsch, anders zu sein, und noch viel weniger eine Geringschätzung der konfessionellen Tätigkeiten. Es ist vielmehr ganz einfach der Entschluß, sich dem zu widmen, was der Berufung zum Opus Dei eigen ist. Es gibt ja viele Ordensleute und Kleriker und auch viele Laien, die diese Tätigkeiten voll Eifer betreiben und ihnen ihre ganze Kraft widmen.

Die besondere Aufgabe der Mitglieder des Opus Dei, zu der sie sich von Gott berufen wissen, ist anderer Art. Im Rahmen des allgemeinen Rufes zur Heiligkeit empfangen die Mitglieder des Opus Dei noch den besonderen Ruf, frei und selbstverantwortlich der Heiligkeit und dem Apostolat mitten in der Welt nachzugehen. Sie verpflichten sich dabei, nach einem spezifischen Geist zu leben und zeit ihres Lebens eine besondere Formung zu empfangen. Wenn die Mitglieder ihre Arbeit in der Welt vernachlässigten, um kirchlichen Arbeiten nachzugehen, würden sie die von Gott empfangenen Gaben brach liegen lassen. Durch den Trugschluß einer unmittelbaren seelsorglichen Wirksamkeit würden sie der Kirche tatsächlich einen Schaden zufügen; denn dann gäbe es weniger Christen, die sich der Heiligung in allen Berufen und Beschäftigungen der Gesellschaft auf dem unendlichen Feld der weltlichen Arbeit widmen würden.

Außerdem nimmt die Notwendigkeit einer dauernden Weiterbildung im Beruf und im Glauben neben der Zeit, die dem geistlichen Leben, dem Gebet und der opferbereiten Erfüllung der Standespflichten gewidmet ist, das ganze Leben in Anspruch; es gibt keine unausgefüllten Stunden.

Bekanntlich gehören dem Opus Dei verheiratete und unverheiratete Männer und Frauen aller Schichten der Gesellschaft an. Welches ist nun das gemeinsame Merkmal, das die Berufung zum Werk kennzeichnet? Welche Bindungen geht jedes Mitglied ein, um die Ziele des Opus Dei zu verwirklichen?

Ich will es Ihnen mit wenigen Worten sagen: die Heiligkeit 62
inmitten der Welt, ja sozusagen auf der Straße, zu suchen. Wer von Gott die spezifische Berufung zum Opus Dei empfängt, weiß, daß er die Heiligkeit in seinem eigenen Lebensstand suchen muß, in der Ausübung seiner Arbeit, sei sie nun handwerklicher oder intellektueller Art. Und danach lebt er auch. Ich sage, er *weiß* es und *lebt* danach, denn es geht nicht um die Annahme einer bloß theoretischen Forderung, sondern um ihre tagtägliche Verwirklichung im gewöhnlichen Leben.

Die Heiligkeit erlangen zu wollen trotz der Fehler und der Armseligkeiten, die uns zeitlebens begleiten, bedeutet, sich mit Hilfe der Gnade Gottes ständig um die Liebe zu mühen, die die Vollendung des Gesetzes und das Band der Vollkommenheit ist. Diese Liebe ist nicht etwas Abstraktes. Sie bedeutet wirkliche und uneingeschränkte Hingabe im Dienst an Gott und an allen Menschen: Dienst an Gott, der in der Stille des Gebetes und im Lärm der Welt spricht; und Dienst an den Menschen, deren Lebensweg mit dem unseren verflochten ist. Wenn wir die Liebe – die *caritas* – leben, leben wir alle natürlichen und übernatürlichen Tugenden des Christen. Sie alle bilden eine Einheit und können nicht erschöpfend aufgezählt werden. Die Liebe verlangt, daß man die Gerechtigkeit, den Sinn für die Gemeinschaft, die Verantwortung für Familie und Gesellschaft, die Armut, die Freude, die Keuschheit, die Freundschaft ... lebt.

Es ist leicht ersichtlich, daß die Ausübung dieser Tugenden von selbst zum Apostolat führt, ja sie ist bereits Apostolat. Denn versucht man auf diese Weise mitten in der alltäglichen Arbeit zu leben, dann wird das christliche Verhalten sofort zum Vorbild, zum Zeugnis, zur konkreten und wirksamen Hilfe. Man lernt, den Spuren Christi zu folgen, denn er verband Beispiel und Wort: *coepit facere et docere* (Apg 1, 1), er begann zu tun und zu lehren. Darum habe ich seit mehr als vierzig Jahren diese Arbeit das *Apostolat der Freundschaft und des Vertrauens* genannt.

Alle Mitglieder des Opus Dei teilen diesen Wunsch nach Heiligkeit und Apostolat. Darum gibt es im Werk weder Grade noch Rangordnungen unter den Mitgliedern. Wohl sind die Stellungen der einzelnen in der Welt sehr unterschiedlich. Dieser Vielfalt paßt sich die allen gleiche und einzige, spezifische und gottgewollte Berufung zum Werk an, das heißt der Ruf zur Hingabe, der Ruf, sich ganz persönlich, frei und verantwortlich um die Erfüllung des Willens Gottes zu bemühen, der für einen jeden von uns offenbar geworden ist.

Wie man sieht, ist das pastorale Phänomen des Opus Dei etwas, das *von unten* her wächst, das heißt aus dem gewöhnlichen Leben des Christen heraus, der zusammen mit den anderen Menschen lebt und arbeitet. Diese Erscheinung liegt nicht auf der Ebene einer *Verweltlichung, Entsakralisierung,* des Lebens der Ordensleute und sie ist auch nicht das letzte Stadium ihrer Annäherung an die Welt.

Wer die Berufung zum Opus Dei empfängt, erwirbt eine neue Sicht der Dinge, die ihn umgeben. Er sieht ein neues Licht in seinen gesellschaftlichen Beziehungen, in seinem Beruf, in seinen Sorgen, in seiner Traurigkeit und in seiner Freude. Aber niemals zieht er sich von all dem zurück. Es geht deshalb keinesfalls an, dabei von einer Anpassung an die Welt oder an die moderne Gesellschaft zu sprechen. Niemand paßt sich dem an, was ihm zu eigen ist. In dem, was man zu eigen hat, *darin ist man.* Die empfangene Berufung ist jener gleich, die in den Herzen der Fischer, Landarbeiter, Handelsleute oder Soldaten aufbrach, die in Galiläa um Jesus saßen und ihn sagen hörten: *Seid vollkommen, wie euer Vater im Himmel vollkommen ist* (Mt 5,48).

Ich wiederhole, daß es sich bei der Vollkommenheit, die die Mitglieder des Opus Dei suchen, um die Vollkommenheit der Christen überhaupt handelt, das heißt um jene Vollkommenheit, zu der jeder Christ berufen ist und die voraussetzt, daß man ganz nach den Forderungen des Glaubens lebt. Uns geht es nicht um jene *evangelische Vollkommenheit,* die man als den Orden und einigen ihnen gleichgestellten Institutionen eigen betrachtet; viel weniger noch um das so bezeichnete *Leben der evangelischen Vollkommenheit,* das sich kirchenrechtlich auf den *Ordensstand* bezieht.

Den Weg der Ordensberufung halte ich für notwendig und segensreich in der Kirche. Wer ihn nicht hochschätzte, besäße nicht den Geist des Werkes. Aber jener Weg ist nicht mein Weg und nicht der Weg der Mitglieder des Opus Dei. Man kann sagen, daß diese *unter der ausdrücklichen Bedingung* zum Opus

Dei kommen, *ihren Lebensstand nicht zu ändern.* Unser spezifisches Merkmal besteht in der Heiligung des eigenen Standes in der Welt und in der persönlichen Heiligung eines jeden Mitgliedes am Ort *seiner Begegnung* mit Christus. Das ist die Verpflichtung, die jedes Mitglied eingeht, um die Ziele des Opus Dei zu verwirklichen.

Wie ist das Opus Dei organisiert?

Wenn – wie ich Ihnen soeben sagte – die Berufung zum Werk 63
den Menschen in seinem normalen Leben mitten in seiner Arbeit erreicht, so wird verständlich, daß das Opus Dei nicht auf der Grundlage von Ausschüssen, Tagungen und Versammlungen aufgebaut sein kann. Zum Erstaunen mancher habe ich gelegentlich gesagt, daß das Opus Dei in diesem Sinne eine *desorganisierte Organisation* ist. Die Mehrzahl der Mitglieder – fast alle – leben selbständig dort, wo sie auch dann leben würden, wenn sie nicht vom Opus Dei wären: zu Hause, in der Familie, am Arbeitsplatz.

Und dort, wo es lebt, bemüht sich jedes Mitglied um das Ziel des Opus Dei: um die Heiligkeit, indem es aus seinem Leben ein tägliches Apostolat macht, unauffällig, wenn man so will, aber beharrlich und mit göttlicher Wirksamkeit. Das ist das Entscheidende. Um dieses Leben der Heiligkeit und des Apostolates zu nähren, empfängt jeder die erforderliche geistliche Hilfe, den notwendigen Rat und die Anleitung vom Opus Dei, dies jedoch nur im streng spirituellen Bereich. In allem anderen – in der Arbeit, im gesellschaftlichen Leben usw. – handelt jeder, wie er will, auch wenn er sich dabei wohl bewußt ist, daß dies kein neutraler Bereich ist, sondern die Materie, die heiligt und geheiligt werden muß und ein Mittel zum Apostolat darstellt.

Auf diese Weise leben alle ihr eigenes Leben, mit den sich daraus ergebenden Verflechtungen und Verpflichtungen, und alle kommen zum Werk, um geistliche Hilfe zu empfangen. Dies erfordert eine gewisse, wenn auch sehr einfache Gliederung, und es ist dafür gesorgt, daß sie auf das Allernotwendigste beschränkt bleibt. Man erhält eine religiös-theologische Bildung, die sich über das ganze Leben erstreckt. Sie führt zu einer aufrichtigen und echten Frömmigkeit, die sich in Taten erweist, und zu einem glühenden Eifer, der das ständige Beten eines kontemplativen

Menschen und ein persönliches, eigenverantwortliches Apostolat nach sich zieht, fern jedem Fanatismus.

Alle Mitglieder wissen außerdem, wo sie jederzeit einen Priester des Werkes finden können, um mit ihm die Angelegenheiten ihres Gewissens zu besprechen. Einige Mitglieder – sehr wenige im Vergleich zur Gesamtzahl – wohnen zusammen, um eine apostolische Tätigkeit zu leiten oder um sich der geistlichen Betreuung der anderen zu widmen. Sie bilden ein normales Zuhause wie eine christliche Familie und arbeiten weiterhin in ihrem jeweiligen Beruf.

In jedem Land besteht eine regionale Leitung, die immer kollegialen Charakter trägt. Ihr steht ein Consiliarius vor. Außerdem gibt es eine zentrale Leitung, die ihren Sitz in Rom hat; ihre Mitglieder kommen aus verschiedenen Ländern und Berufen. Das Opus Dei ist in eine männliche und eine weibliche Abteilung untergliedert, die vollkommen unabhängig voneinander sind, so daß sie gleichsam zwei verschiedene Gemeinschaften bilden; lediglich in der Person des Generalpräsidenten[1] sind sie vereinigt.

Ich hoffe, es ist klargeworden, was *desorganisierte Organisation* bedeutet: den Primat des Geistes vor der Organisation. Die Mitglieder leben nicht eingezwängt in Weisungen, Planungen und Tagungen. Jeder steht für sich, verbunden mit den anderen durch eine gemeinsame Spiritualität und das gemeinsame Streben nach Heiligkeit und Apostolat, und bemüht sich, seinen Alltag zu heiligen.

Manche haben vom Opus Dei als einer Organisation der geistigen Oberschicht gesprochen, die in die maßgebenden politischen, wirtschaftlichen und kulturellen Kreise, wenn auch mit guter Absicht, eindringen möchte, um sie von innen her zu kontrollieren. Stimmt das?

[1] Vgl. Anmerkung zu Nr. 35. Seit der Errichtung des Opus Dei als Personalprälatur heißt es statt „Generalpräsident“ nunmehr „Prälat“. Dieser ist der Ordinarius des Opus Dei. In der Leitungsarbeit stehen ihm Berater zur Seite. Der Prälat wird vom Generalkongreß des Opus Dei gewählt. Diese Wahl erfordert die Bestätigung durch den Papst gemäß den kanonischen Normen, die auch für Prälaten mit Jurisdiktion gelten, die von einem Kollegium gewählt werden.

Fast alle Institutionen, die eine neue Botschaft brachten oder die sich durch die uneingeschränkte Verwirklichung des Christentums bemühten, der Menschheit ernsthaft zu dienen, sind besonders in den Anfängen auf Unverständnis gestoßen. So erklärt es sich auch, daß manche die Lehre über das Laienapostolat, die das Opus Dei verwirklicht und verkündet, am Anfang nicht verstanden. 64

Ich muß außerdem feststellen, auch wenn ich darüber nicht gern rede, daß in unserem Falle ein beharrlicher und systematischer Verleumdungsfeldzug geführt wurde. Manche behaupteten (vielleicht war das ihre eigene Arbeitsweise), wir arbeiteten im Geheimen, wir strebten nach führenden Stellungen usw. Ich möchte nur erwähnen, daß dieser Feldzug vor etwa dreißig Jahren durch einen spanischen Ordensmann eingeleitet wurde, der dann seinen Orden und die Kirche verließ, standesamtlich heiratete und heute protestantischer Pastor ist.

Ist eine Verleumdung einmal in der Welt, so lebt sie durch das Gesetz der Trägheit noch einige Zeit fort, denn es gibt Menschen, die zur Feder greifen, ohne sich vorher ausreichend informiert zu haben. Nicht alle halten es mit den guten Journalisten, die sich nicht unfehlbar wähnen und aufrichtig genug sind, sich zu berichtigen, wenn sie die Wahrheit erfahren. Das also ist geschehen, auch wenn diese Verleumdungen – abgesehen davon, daß sie schon auf den ersten Blick unglaubwürdig wirken – durch Tatsachen widerlegt worden sind, die jedermann nachprüfen kann. Der Hinweis mag genügen, daß das von Ihnen erwähnte Gerede sich lediglich auf Spanien bezieht. Schon allein der Gedanke, eine internationale Institution wie das Opus Dei könnte an den Problemen eines einzigen Landes orientiert bleiben, zeugt von einem recht beschränkten Horizont, von Provinzialismus.

Außerdem sind die meisten Mitglieder des Opus Dei (in Spanien und in allen anderen Ländern) Hausfrauen, Arbeiter, Kaufleute, Büroangestellte, Landarbeiter usw., also Menschen, deren Aufgaben kein besonderes politisches oder gesellschaftliches Gewicht haben. Daß es viele Arbeiter gibt, die Mitglieder des Opus Dei sind, erregt keinerlei Aufsehen, wohl aber, daß ihm einige Politiker angehören. Für mich ist die Berufung eines Gepäckträgers zum Opus Dei genauso wichtig wie die eines Industrieunternehmers. Die Berufung kommt von Gott, und in den

Werken Gottes ist kein Platz für Diskriminierungen, schon gar nicht für demagogische.

Wer die Mitglieder des Opus Dei in den verschiedensten Bereichen arbeiten sieht und dennoch an nichts anderes denken kann als an vermeintlichen Druck und an Kontrollen, verrät damit seine dürftige Auffassung vom christlichen Leben. Das Opus Dei beherrscht keinen weltlichen Bereich und will keinen beherrschen; es will lediglich die Botschaft des Evangeliums verbreiten. Gott möchte, daß alle Menschen, die in der Welt leben, ihn gerade im Vollzug ihrer weltlichen Tätigkeiten lieben und ihm darin dienen. Dementsprechend arbeiten die Mitglieder des Opus Dei, da sie ja normale Christen sind, wo und wie sie es für richtig halten. Das Werk kümmert sich nur um ihre geistliche Betreuung, damit sie immer nach ihrem christlichen Gewissen handeln.

65 Nehmen wir den konkreten Fall Spaniens. Die wenigen Mitglieder des Opus Dei, die in diesem Land einflußreiche Stellungen innehaben oder überhaupt öffentliche Aufgaben erfüllen, tun es wie die übrigen Mitglieder in anderen Ländern auch, in Freiheit und persönlicher Verantwortung; jeder folgt seinem Gewissen. So erklärt sich, daß sie in ihrer Handlungsweise verschiedene und oft entgegengesetzte Haltungen eingenommen haben.

Außerdem möchte ich anmerken, daß diejenigen, die die Präsenz einiger Mitglieder des Opus Dei in der spanischen Politik als etwas Besonderes herausstellen, die Wirklichkeit bis an die Grenze der Verleumdung entstellen; denn jene Mitglieder des Opus Dei, die im öffentlichen Leben Spaniens wirken, sind auf diesem Gebiet eine Minderheit im Vergleich zur Gesamtheit der dort öffentlich tätigen Katholiken. Fast die gesamte Bevölkerung Spaniens ist katholisch. Daher ist es schon aus statistischer Sicht logisch, daß es Katholiken sind, die am politischen Leben teilnehmen. Darüber hinaus gibt es auf allen Ebenen der öffentlichen Verwaltung Spaniens, vom Minister bis zum Bürgermeister, überaus viele Katholiken, die aus den verschiedensten Gläubigenvereinigungen hervorgehen; aus Zweigen der katholischen Aktion, aus der nationalen katholischen Vereinigung der „Propagandistas", deren erster Präsident Kardinal Herrera Oria war, aus den marianischen Kongregationen usw.

Ich möchte mich nicht weiter darüber verbreiten, wohl aber

die Gelegenheit benutzen, um noch einmal zu erklären, daß das Opus Dei mit keinem Land, mit keiner Regierung, mit keiner politischen Richtung, mit keiner Ideologie verbunden ist. Seine Mitglieder handeln in weltlichen Angelegenheiten immer mit voller Freiheit und wissen ihre eigene Verantwortung auf sich zu nehmen. Sie lehnen entschieden jeden Versuch ab, sich der Religion zugunsten politischer Zwecke und Parteiinteressen zu bedienen.

Einfache Dinge sind manchmal schwer zu erklären. Darum habe ich mich bei dieser Frage länger aufgehalten. Jedenfalls gehört das erwähnte Gerede der Vergangenheit an. Die Verleumdungen sind seit längerer Zeit völlig entkräftet, niemand glaubt mehr daran. Wir haben vom ersten Augenblick an in aller Offenheit gehandelt, denn es gab wirklich keinen Grund, uns anders zu verhalten. Wir haben mit aller Klarheit das Wesen und die Ziele unseres Apostolates dargelegt, und alle, die es wünschten, konnten die Wirklichkeit kennenlernen. Tatsächlich schätzen viele Menschen – Katholiken und Nichtkatholiken, Christen und Nichtchristen – unsere Arbeit und beteiligen sich an ihr.

Überdies hat die Entwicklung in der Geschichte der Kirche 66
zur Überwindung einer gewissen Art von Klerikalismus geführt, der zur Verzerrung all dessen neigt, was sich auf die Laien bezieht, und sofort Hintergedanken unterstellt. Heute ist es leichter zu verstehen, daß das Opus Dei nichts anderes lebt und lehrt als die göttliche Berufung des gewöhnlichen Christen in einem klarumgrenzten Engagement aus dem Glauben.

Wenn ich einen Satz höre wie: *Die Katholiken dringen in alle Gesellschaftsschichten ein,* so sehne ich den Augenblick herbei, in dem jeder begreift, daß es sich da um eine klerikale Redewendung handelt. Jedenfalls gilt ein solcher Satz in keiner Weise für das Apostolat des Opus Dei. Die Mitglieder des Werkes haben es nicht nötig, in die weltlichen Gegebenheiten *einzudringen,* denn als gewöhnliche Bürger waren sie wie alle anderen *schon immer darin*.

Wenn Gott einen Menschen, der in einer Fabrik oder in einem Krankenhaus oder im Parlament arbeitet, zum Opus Dei ruft, dann bedeutet das, daß dieser Mensch von nun an entschlossen sein wird, die Mittel anzuwenden, um diesen Beruf mit der Gnade Gottes zu heiligen. Es ist nichts anderes als ein Bewußtwerden der Grundforderungen, welche die Botschaft des Evangeliums enthält, im Einklang mit der spezifischen Berufung eines jeden.

Der Gedanke, daß dieses Bewußtwerden ein Verlassen des gewöhnlichen Lebens bedeute, gilt nur für jene, die von Gott zum Ordensleben berufen werden, zum *contemptus mundi,* zur Verachtung oder Geringschätzung der weltlichen Dinge. Aus diesem Verlassen der Welt aber das Wesen oder die Vollendung des Christentums machen zu wollen ist einfach eine Ungeheuerlichkeit.

Das Opus Dei schleust also seine Mitglieder nicht in dieses oder jenes Milieu ein, denn die Mitglieder – ich wiederhole es – waren schon immer dort; und es ist nicht einzusehen, weshalb sie es verlassen sollten. Außerdem kommen aus allen Gesellschaftsschichten Berufungen zum Opus Dei, die durch die Gnade Gottes und durch das vorher erwähnte Apostolat der Freundschaft und des Vertrauens geweckt werden.

Vielleicht stellt gerade eine solche Einfachheit im Wesen und Handeln des Opus Dei eine Schwierigkeit für jene verschrobenen Leute dar, die offenbar unfähig sind, etwas Geradliniges und Ursprüngliches zu begreifen.

Natürlich wird es immer Leute geben, die das Wesen des Opus Dei nicht verstehen. Das wundert uns nicht. Schon der Herr warnte seine Jünger vor diesen Schwierigkeiten, als er ihnen sagte: *non est discipulus super magistrum* (Mt 10,24), der Jünger steht nicht über dem Meister. Niemand kann verlangen, daß er von allen Menschen geschätzt wird, aber jeder hat das Recht, als Mensch und als Kind Gottes geachtet zu werden. Leider gibt es Fanatiker, die ihre Ideen den anderen diktatorisch aufzuzwingen suchen. Diese werden nie die Liebe verstehen, die die Mitglieder des Opus Dei für die persönliche Freiheit aller anderen empfinden und natürlich auch für die eigene persönliche Freiheit, die immer mit persönlicher Verantwortung verbunden ist.

Ich erinnere mich an eine dafür bezeichnende Begebenheit. In einer Stadt, deren Namen ich aus Gründen des Taktes nicht nennen möchte, berieten die Stadtväter über die finanzielle Unterstützung einer Bildungsstätte, die von Mitgliedern des Opus Dei geleitet wird. Sie ist, wie alle körperschaftlichen Einrichtungen des Werkes, von offensichtlichem gesellschaftlichem Nutzen. Die Mehrzahl der Ratsmitglieder war für die Unterstützung. Einer von ihnen, ein Sozialist, erwähnte bei der Begründung des

Antrages, daß er die Arbeit dieser Einrichtungen aus eigener Anschauung kenne. Er fuhr wörtlich fort: „Die Arbeit dieses Studentenheimes zeichnet sich deshalb besonders aus, weil seine Leiter die persönliche Freiheit des einzelnen hoch schätzen. Es leben dort Studenten aller Religionen und Weltanschauungen zusammen." Die kommunistischen Ratsmitglieder stimmten gegen den Antrag. Einer von ihnen erklärte dem sozialistischen Kollegen seine Entscheidung: „Ich habe dagegengestimmt, denn wenn Sie recht haben, dann ist dieses Haus eine wirksame Reklame für den Katholizismus."

Wer die Freiheit der anderen nicht achtet oder der Kirche entgegensteht, kann apostolische Arbeit nicht schätzen. Aber selbst in solchen Fällen bin ich als Mensch verpflichtet, jenen anderen zu achten und zu versuchen, ihn zur Wahrheit zu führen; und als Christ bin ich verpflichtet, ihn zu lieben und für ihn zu beten.

> Nach der Klärung dieser Frage würde mich jetzt folgendes interessieren: Welche Besonderheiten in der geistlichen Ausbildung der Mitglieder des Werkes bewirken, daß niemand aus materiellen Gründen dem Opus Dei angehört?

Jeder Beweggrund, der nicht rein geistlichen Charakter hat, 67
bleibt deshalb absolut ausgeschlossen, weil das Werk *viel verlangt* – Loslösung, Opfer, Selbstverleugnung, ununterbrochene Arbeit für die Menschen – *und nichts gibt.* Ich will damit sagen, das Werk bietet nichts an weltlichen Vorteilen. Dafür vermittelt es um so mehr auf der Ebene des geistlichen Lebens. Es gibt Mittel an die Hand, um im asketischen Kampf zu siegen, es führt die Menschen auf die Wege des Gebetes, es lehrt, sich Christus als Bruder zuzuwenden, Gott in allen Wechselfällen des Lebens zu sehen, sich als Sohn Gottes und daher zur Verbreitung seiner Lehre verpflichtet zu wissen.

Wer nicht auf dem Weg des inneren Lebens vorangeht und nicht versteht, daß es die Mühe lohnt, sich ganz zu verschenken, das eigene Leben im Dienst am Herrn ganz hinzugeben, der kann im Opus Dei nicht beharren. Denn die Heiligkeit ist kein Aushängeschild, sondern eine tiefgreifende Forderung.

Außerdem verfolgt das Opus Dei keine politischen, wirtschaftlichen oder ideologischen Interessen, es entwickelt keine zeitlichen Tätigkeiten. Sein Wirken ist ausschließlich auf die geistliche Ausbildung seiner Mitglieder und auf die apostolischen Werke ausgerichtet, das heißt auf die ständige geistliche Betreuung aller Mitglieder und auf die korporativen apostolischen Werke der Sozialhilfe, der Wohltätigkeit, der Erziehung usw.

Die Mitglieder des Opus Dei tun sich *einzig und allein* zusammen, um einem klar umrissenen Weg der Heiligkeit zu folgen und um an bestimmten apostolischen Werken mitzuarbeiten. Ihre gegenseitigen Verpflichtungen schließen jede Art zeitlichen Interesses aus, und zwar einfach deshalb, weil auf diesem Gebiete alle Mitglieder des Opus Dei frei sind, so daß jeder seinen eigenen Weg geht mit verschiedenen und manchmal entgegengesetzten Zielen und Interessen.

Als Folge der ausschließlich auf das Übernatürliche gerichteten Ziele ist der Geist des Werkes ein Geist der Freiheit und der Liebe zur persönlichen Freiheit aller. Weil diese Liebe zur Freiheit aufrichtig ist und nicht nur Theorie, lieben wir auch die notwendige Folge der Freiheit, den Pluralismus. Im Opus Dei wird der *Pluralismus gewollt und geliebt,* nicht bloß toleriert und auf keinen Fall behindert. Wenn ich mir so ansehe, wie verschieden die Einstellungen und Ansichten der Mitglieder des Werkes in politischen, wirtschaftlichen, sozialen, künstlerischen und anderen Fragen sind, dann ist dieses Panorama für mich eine wahre Freude, weil sich darin zeigt, daß vor Gott alles seinen richtigen Weg nimmt. Einheit im Religiösen und Vielfalt im Weltlichen sind dann vereinbar, wenn weder Fanatismus noch Intoleranz herrschen, und vor allem, wenn man aus dem Glauben lebt und wenn man weiß, daß uns Menschen nicht allein gegenseitige Zuneigung oder gemeinsame Vorteile verbinden, sondern auch das Wirken des einen Geistes, der uns zu Brüdern Christi macht und uns so zu Gott, unserem Vater, führt.

Ein echter Christ kommt nie auf den Gedanken, daß die Einheit im Glauben, die Treue zum Lehramt und zur Überlieferung der Kirche und das Bestreben, allen Menschen die Heilsbotschaft Christi zu bringen, im Widerspruch zu den vielen unterschiedlichen Haltungen in den Dingen stehen könnten, die Gott, wie man so sagt, der freien Diskussion der Menschen überlassen hat. Mehr noch, ein wahrer Christ ist sich vollkommen darüber im klaren, daß diese Vielfalt Teil des göttlichen Planes, daß sie von Gott gewollt ist, der seine Gaben und sein Licht austeilt, wie er will. Der Christ soll die anderen Menschen lieben und deshalb seinen Auffassungen entgegengesetzte Ansichten achten und brüderlich mit jenen Menschen zusammenleben, die anders denken als er.

Gerade weil die Mitglieder des Werkes sich diesen Geist zueigen gemacht haben, ist es unvorstellbar, daß jemand daran denken könnte, seine Zugehörigkeit zum Werk für irgendwelche persönlichen Vorteile auszunutzen oder anderen seine politischen oder kulturellen Auffassungen aufzudrängen; die anderen Mitglieder würden dies gar nicht erst dulden. Entweder würde der Betreffende seine Haltung ändern oder aber er müßte das Werk verlassen. In diesem Punkt darf niemand im Werk je die geringste Abweichung zulassen, denn hier geht es um die Verteidigung nicht nur der eigenen Freiheit, sondern auch des übernatürlichen Charakters einer Aufgabe, der man in Hingabe dient. Deshalb halte ich dafür, daß persönliche Freiheit und persönliche Verantwortung die beste Garantie für die übernatürliche Ausrichtung des Werkes Gottes sind.

Man könnte vielleicht denken, das Opus Dei habe bisher von der Begeisterung seiner ersten Mitglieder gelebt, mögen sie mittlerweile auch Tausende zählen. Was bürgt für den Fortbestand des Werkes und schützt es vor der jeder Institution innewohnenden Gefahr, daß Eifer und Schwung des Anfangs erlahmen?

Das Werk ist nicht auf die Begeisterung gegründet, sondern 68
auf den Glauben. Die Jahre des Anfangs – viele Jahre – waren sehr hart, und man sah nichts als Schwierigkeiten. Das Opus Dei kam voran durch die Gnade Gottes und durch das Gebet und Opfer der ersten Mitglieder, ohne über menschliche Mittel zu verfügen. Das einzige, was wir besaßen, war Jugend, gute Laune und der Wunsch, den Willen Gottes zu tun.

Von Anfang an waren die Waffen des Opus Dei das Gebet, ein Leben der Hingabe, der stille Verzicht auf alles, was Egoismus bedeutet, um so den Menschen zu dienen. Wie ich Ihnen schon sagte, kommt man zum Opus Dei nur, um einen Geist zu empfangen, der gerade zur völligen Selbsthingabe führt, während die *berufliche Arbeit* aus Liebe zu Gott, und um seinetwillen zu seinen Geschöpfen, weitergeht.

Die Garantie gegen jenes Erlahmen liegt nur darin, daß meine Kinder im Opus Dei nie diesen Geist verlieren. Ich weiß, die Werke der Menschen nutzen sich mit der Zeit ab; mit den Werken Gottes ist es anders, es sei denn, sie würden durch die Menschen herabgewürdigt. Nur wenn der göttliche Antrieb verlorengeht, treten Verfall und Niedergang auf. In unserem Fall wird die Vorsehung des Herrn sichtbar, die in einer so kurzen Zeit von nur vierzig Jahren bewirkte, daß in so verschiedenen Ländern gewöhnliche Bürger, die sich in nichts von den anderen unterscheiden, diese spezifische göttliche Berufung erhalten und verwirklichen.

Das Ziel des Opus Dei, ich sage es noch einmal, ist die Heiligkeit jedes einzelnen seiner Mitglieder, von Männern und Frauen, die weiter an ihrem Platz in der Welt bleiben. Wenn einer nicht mit dem Willen zum Werk kommt, trotz allem, das heißt trotz seiner Armseligkeiten und seiner persönlichen Fehler, heilig zu werden, dann wird er bald wieder gehen. Ich bin der Ansicht, Heiligkeit zieht Heiligkeit nach sich, und ich bete zu Gott, daß nie im Opus Dei diese feste Überzeugung und dieses Leben aus dem Glauben fehlen mögen. Wie Sie sehen, bauen wir nicht auf bloße menschliche oder juristische Sicherheiten. Die Werke, die den Geist Gottes atmen, gehen im Gleichschritt mit der Gnade voran. Mein einziges Rezept ist dies: in persönlicher Heiligkeit heilig sein zu wollen und heilig zu werden.

Warum gibt es Priester in einer so betont laikalen Vereinigung wie dem Opus Dei? Kann jedes Mitglied des Opus Dei Priester werden oder nur diejenigen, die die Leiter auswählen?

69 Die Berufung zum Opus Dei kann jeder empfangen, der sich in seinem eigenen Stand heiligen will, sei er nun ledig, verheiratet oder verwitwet, sei er Laie oder Kleriker.

Daher kommen zum Opus Dei auch Diözesanpriester, die dann weiterhin Diözesanpriester bleiben, denn das Werk hilft ihnen, durch die Heiligung ihrer alltäglichen Arbeit nach der christlichen Vollkommenheit in ihrem Stand zu streben. Diese Arbeit ist nun genau ihr priesterliches Amt im Dienst ihres Bischofs, der Diözese und der ganzen Kirche. Auch in ihrem Fall ändert die Zugehörigkeit zum Opus Dei nichts an ihrem Stand: Sie widmen sich weiterhin ganz den Aufgaben, die der Bischof ihnen anvertraut hat, und allen apostolischen Tätigkeiten, die ihnen obliegen, ohne daß sich das Werk je in diese Tätigkeiten einmischen würde; und sie heiligen sich, indem sie die Tugenden, die einem Priester eigen sind, so vollkommen wie möglich ausüben.

Außer den Priestern, die zum Opus Dei kommen, nachdem sie die Priesterweihe schon empfangen haben, gibt es im Werk andere Weltpriester, die das Sakrament der Priesterweihe empfangen, nachdem sie bereits dem Opus Dei zuvor als Laien, als normale Christen, angehörten. Es handelt sich dabei um eine sehr kleine Zahl im Vergleich zur Gesamtheit der Mitglieder, es sind weniger als zwei Prozent. Sie widmen sich in ihrem Priesteramt den apostolischen Zielen des Opus Dei und verzichten, je nachdem in stärkerem oder geringerem Maße, auf die Ausübung ihres früheren bürgerlichen Berufes. Es sind also Berufstätige, die zum Priestertum berufen werden, nachdem sie ihre Qualifikation als Arzt, Ingenieur, Schlosser, Landarbeiter, Lehrer, Journalist usw. erlangt haben und jahrelang beruflich tätig gewesen sind. Sie widmen sich obendrein gründlich und ohne Übereilung den kirchlichen Studien bis zur Erlangung eines Doktorgrades. Dabei büßen sie nicht jene Geisteshaltung ein, die durch ihren bürgerlichen Beruf vorgegeben war, so daß sie, wenn sie zum Priester geweiht werden, Ärzte und Priester, Rechtsanwälte und Priester, Arbeiter und Priester sind.

Sie sind für das Apostolat des Opus Dei notwendig. Dieses Apostolat wird, wie gesagt, hauptsächlich von Laien ausgeübt. Jedes Mitglied versucht in seiner eigenen beruflichen Umgebung apostolisch zu wirken und die Menschen Christus näherzubringen durch Beispiel und Wort: durch den Dialog. Doch im Apostolat, bei der Anleitung auf den Wegen des christlichen Lebens, stößt man auf die *sakramentale Mauer.* Die heiligende Aufgabe des Laien bedarf der heiligenden Aufgabe des Priesters, der das Sakrament der Buße spendet, die Eucharistie feiert und das Wort Gottes im Namen der Kirche verkündet. Und da das Apostolat des Opus Dei eine spezifische Spiritualität voraussetzt, ist es nötig, daß auch der Priester lebendiges Zeugnis von diesem besonderen Geiste ablegt.

Außer dem Dienst an den Mitgliedern des Werkes können diese Priester auch vielen anderen Menschen dienen, und sie tun es in der Tat. Der priesterliche Eifer, der ihr Leben prägt, soll sie dazu führen, daß jeder, der ihnen begegnet, etwas vom Licht Christi empfängt. Darüber hinaus drängt sie der Geist des Opus Dei, dem *Gruppendenken* und dergleichen fern liegt, sich eng und auf wirksame Weise mit ihren Brüdern, den anderen Weltpriestern, verbunden zu fühlen. In allen Diözesen, in denen sie wirken und tatkräftige Unterstützung leisten, fühlen sie sich als Diözesanpriester und sind es auch.

Ich möchte noch betonen, weil es sehr wichtig ist, daß sich die Berufung der Laien des Opus Dei, die die Priesterweihe empfangen, nicht ändert. Wenn sie in freier Entscheidung der Einladung der Leiter des Werkes folgen und Priester werden, tun sie es nicht in der Meinung, sie kämen auf diese Weise Gott näher oder sie könnten nun wirksamer nach der Heiligkeit streben. Sie wissen genau, daß die Berufung eines Laien in sich vollkommen ist und keiner Hinzufügung bedarf und daß die Hingabe an Gott im Opus Dei vom ersten Augenblick an ein deutlicher Weg zur Erlangung der christlichen Vollkommenheit ist. Die Priesterweihe ist daher keineswegs so etwas wie die „Krönung" der Berufung zum Opus Dei, sie ist ein Ruf, der an einige ergeht, damit sie auf eine neue Weise den anderen dienen. Im Werk gibt es keine zwei Klassen von Mitgliedern, etwa die Klasse der Laien und die der Priester. Sie alle sind und fühlen sich gleich, sie alle leben denselben Geist, nämlich den der Heiligung im eigenen Stand[2].

[2] Msgr. Escrivá spricht hier von zwei Formen, wie Weltpriester dem Opus Dei angehören können:

a) Sie gehen aus den Laienmitgliedern des Opus Dei hervor, werden vom Prälaten zum Priestertum berufen, sind in der Prälatur inkardiniert und bilden deren Presbyterium. Sie betreuen seelsorglich hauptsächlich, wenn auch nicht ausschließlich, die zum Opus Dei gehörenden Gläubigen. Mit ihnen zusammen widmen sie sich dem spezifischen apostolischen Bemühen, in allen Gesellschaftsschichten das Bewußtsein von der universalen Berufung zur Heiligkeit und zum Apostolat zu verbreiten (vgl. *Einleitung).*

b) Es können auch Weltpriester, die in einer Diözese inkardiniert sind, am geistlichen Leben des Opus Dei teilnehmen, wie Msgr. Escrivá zu Beginn dieser Antwort sagt. Sie schließen sich der Priesterlichen Gesellschaft vom Heiligen Kreuz an, die mit der Prälatur verbunden ist und deren Generalpräsident

Sie haben oft von der Arbeit gesprochen. Würden Sie uns sagen, welche Stellung die Arbeit in der Spiritualität des Opus Dei einnimmt?

Die Berufung zum Opus Dei verändert oder beeinträchtigt in keiner Weise die Lebensbedingungen und den Stand des Berufenen. Da die Arbeit die Lebensbedingung des Menschen ausmacht, wird die menschliche Berufung zur Arbeit gerade durch die übernatürliche Berufung zur Heiligkeit und zum Apostolat im Geiste des Opus Dei bekräftigt. Die überwiegende Zahl der Mitglieder des Werkes sind Laien, gewöhnliche Christen – Menschen also, zu deren Dasein ein Beruf gehört: eine Arbeit, eine sie oft voll beanspruchende Tätigkeit, durch die sie ihren Lebensunterhalt verdienen, die Familie ernähren, zum Gemeinwohl beitragen und ihre Persönlichkeit entfalten. 70

Die Berufung zum Opus Dei bekräftigt all dies, so daß eines der Wesensmerkmale dieser Berufung gerade darin besteht, in der Welt zu leben und hier eine Arbeit auszuüben, und zwar vom Menschlichen wie vom Übernatürlichen her, trotz der menschlichen Unzulänglichkeit, so vollkommen wie möglich. Es soll eine Arbeit sein, die wirkungsvoll zum Aufbau des Irdischen und zur Heiligung der Welt beiträgt, weshalb sie mit fachlichem Können und im Geist des Dienens getan werden muß. Wenn es so ist, dann ist die Arbeit etwas Heiligendes und Geheiligtes.

Wer seinen Glauben vollkommen leben und ein Apostolat im Geiste des Opus Dei ausüben will, der muß sich durch seinen Beruf heiligen, seinen Beruf heiligen und die anderen durch seinen Beruf heiligen. So lebt er, ohne sich deshalb von den anderen Bürgern zu unterscheiden, genau wie sie. Während er so mit ihnen zusammen arbeitet, bemüht er sich, Christus gleichförmig zu werden und seine dreißig Jahre der Arbeit in der Werkstatt von Nazareth nachzuahmen.

Denn diese alltägliche Aufgabe ist nicht bloß der Rahmen, in dem man sich heiligen muß, sondern sie selbst ist der Stoff der Heiligkeit: in all dem Trubel des Tages entdeckt er die Hand

der Prälat des Opus Dei ist. Man vergleiche auch den Text der *Einleitung,* Seite 15, der diese priesterliche Vereinigung in der neuen kirchenrechtlichen Terminologie kurz erläutert. Diese Begrifflichkeit stand Msgr. Escrivá zum Zeitpunkt des Interviews noch nicht zur Verfügung.

Gottes und findet Impulse für ein Leben des Gebetes. Das berufliche Tun selbst bringt ihn in Kontakt mit anderen Menschen – Verwandten, Freunden, Kollegen – und mit den großen Problemen, die seine Gesellschaft und die ganze Welt angehen. Damit bietet sich ihm die Gelegenheit, seine Hingabe im Dienste für die anderen zu leben, und das ist wesentlich für einen Christen. So muß er sich bemühen, ein wahrhaftiges und glaubwürdiges Zeugnis für Christus abzulegen, damit alle anfangen, den Herrn kennen und lieben zu lernen und zu entdecken, daß das normale Leben in der Welt und die Arbeit des Alltags zur Begegnung mit Gott werden können.

Mit anderen Worten: Heiligkeit und Apostolat bilden im Leben der Mitglieder des Werkes eine Einheit. Deshalb ist die Arbeit der Angelpunkt ihres geistlichen Lebens. Ihre Hingabe an Gott dringt in jene Arbeit ein, die sie ausübten, bevor sie zum Werk kamen, und der sie auch weiterhin nachgehen.

Als ich in den ersten Jahren meiner priesterlichen Arbeit begann, solches zu verkünden, verstanden mich manche nicht; andere nahmen Anstoß, denn sie waren gewohnt, von der Welt immer nur in einem abwertenden Sinne sprechen zu hören. Der Herr hatte mich begreifen lassen – und ich wollte es an die anderen weitergeben –, daß die Welt gut ist, denn die Werke Gottes sind immer vollkommen; nur wir Menschen machen die Welt schlecht durch die Sünde.

Ich sagte damals und ich sage es wieder und wieder, daß wir die Welt lieben müssen, weil wir in ihr Gott begegnen. In den Vorgängen und Ereignissen der Welt zeigt und enthüllt sich uns Gott.

Das Gute und das Böse vermengen sich in der Geschichte der Menschheit. Deshalb muß der Christ eine gute Unterscheidungsfähigkeit besitzen. Diese darf ihn aber niemals dazu verführen, zu bestreiten, daß die Werke Gottes gut sind. Vielmehr muß er im Gegenteil das Göttliche erkennen, das sich im Menschlichen zeigt, sogar hinter unseren eigenen Schwächen. Ein gutes Motto für das christliche Leben könnte man in den Worten des Apostels finden: *Alle Dinge sind euer, Ihr seid Christi und Christus ist Gottes* (1 Kor 3,22–23). So kann man die Absichten Gottes verwirklichen, der die Welt retten will.

Könnten Sie sich zur Ausbreitung des Werkes in den vierzig Jahren seines Bestehens äußern? Welche sind seine wichtigsten apostolischen Tätigkeiten?

An erster Stelle möchte ich betonen, wie dankbar ich Gott bin, 71
daß er es mir gewährt hat, das Werk bereits vierzig Jahre nach seiner Gründung in der ganzen Welt verbreitet zu sehen. Als das Werk 1928 in Spanien entstand, war es schon *römisch*, was für mich soviel wie katholisch und weltweit bedeutet. Und wie es nicht anders kommen konnte, wohnte ihm von Anfang an der Drang inne, sich über den ganzen Erdball hin auszubreiten.

Wenn ich an jene vergangenen Jahre zurückdenke, erinnere ich mich voll Freude an viele Ereignisse; denn sie rufen mir, zugleich freilich mit den Schwierigkeiten und Sorgen, die wie das Salz des Lebens sind, die Wirksamkeit der Gnade Gottes ins Gedächtnis und die opferbereite und freudige Hingabe so vieler Männer und Frauen, die treu gewesen sind. Denn ich möchte sehr deutlich hervorheben, daß das wesentliche Apostolat des Opus Dei dasjenige ist, das jedes Mitglied für sich an seinem Arbeitsplatz, in seiner Familie, unter seinen Freunden und Bekannten ausübt. Diese Arbeit fällt nicht auf; es ist nicht leicht, sie statistisch zu erfassen, aber sie läßt Früchte der Heiligkeit in Tausenden von Menschen wachsen, die still und wirksam in ihrer alltäglichen Berufsarbeit Christus folgen.

Es ist kaum mehr über dieses Thema zu sagen. Wohl könnte ich vom vorbildlichen Leben vieler Menschen erzählen, aber es würde die menschliche und göttliche Schönheit dieser Aufgabe entstellen, wenn man ihre Intimität preisgäbe. Noch schlimmer wäre es, das alles in Zahlen und Statistiken ausdrücken zu wollen, weil das dem vergeblichen Versuch gleichkäme, die Wirkungen der Gnade in der menschlichen Seele zu katalogisieren.

Wohl kann ich Ihnen von den apostolischen Einrichtungen erzählen, die Mitglieder des Werkes in vielen Ländern leiten. In diesen Tätigkeiten mit rein geistlicher und apostolischer Zielsetzung ist man bemüht, sorgfältig und mit dem Willen zur *Vollkommenheit auch im Menschlichen* zu arbeiten. In ihnen arbeiten viele andere Menschen mit uns, die nicht dem Opus Dei angehören, die jedoch den übernatürlichen Wert dieser Aufgabe begreifen oder ihren natürlichen Wert schätzen, wie es zum Beispiel bei vielen Nichtchristen der Fall ist, die uns wirksam helfen.

Immer handelt es sich um Aufgaben laikalen und säkularen Charakters. Sie werden durchgeführt von normalen Staatsbürgern in Ausübung ihrer selbstverständlichen bürgerlichen Rechte, im Einklang mit den Gesetzen des jeweiligen Landes und immer getragen vom beruflichen Können. Es handelt sich also um Aufgaben, die keinerlei Sonderstellung oder Bevorzugung beanspruchen.

Wahrscheinlich ist Ihnen ein Beispiel solcher Arbeit in Rom bekannt: das *Centro ELIS,* das sich durch Schulen, sportliche und kulturelle Tätigkeiten, Bibliotheken usw. der beruflichen und ganzheitlichen Bildung von Arbeitern widmet. Das Zentrum entspricht den Bedürfnissen in Rom und den besonderen Umständen des sozialen Milieus, in dem es entstanden ist, nämlich im Tiburtino-Viertel. Ähnliche Einrichtungen bestehen an vielen anderen Orten, so in Madrid, Chicago, Mexiko.

Als ein weiteres Beispiel könnte ich das *Strathmore College of Arts and Science* in Nairobi nennen. Es handelt sich um ein College zur Vorbereitung auf die Universität, das bisher Hunderte von Schülern aus Kenia, Uganda und Tansania besucht haben. In diesem College leisten einige Mitglieder des Opus Dei aus Kenia gemeinsam mit anderen Landsleuten eine Arbeit von großer Tragweite im schulischen und sozialen Bereich. Strathmore war die erste Einrichtung in Ostafrika, die eine vollständige Rassenintegration verwirklichte und durch ihre Arbeit viel zur Afrikanisierung der Kultur beigetragen hat. Ähnliches kann man vom *Kianda College* sagen, ebenfalls in Nairobi, das Bedeutendes für die zeitgemäße Stellung der afrikanischen Frau tut.

Als weiteres Beispiel sei die Universität von Navarra genannt, die, 1952 gegründet, heute insgesamt achtzehn Fakultäten, Schulen und Institute zählt, in denen mehr als sechstausend Studenten immatrikuliert sind. Im Gegensatz zu den kürzlich von einigen Zeitungen vorgetragenen Behauptungen muß ich sagen, daß die Universität von Navarra nicht von staatlichen Subventionen unterhalten wird. Der spanische Staat gewährt ihr keine Zuschüsse für Unterhaltskosten, er hat lediglich einige Beiträge zur Schaffung von neuen Studienplätzen zur Verfügung gestellt. Die Universität von Navarra trägt sich mit der Hilfe von Privatpersonen und privaten Vereinigungen. Das Lehrsystem und das Universitätsleben sind geprägt von der persönlichen Verantwortung und der Solidarität aller, die dort arbeiten. Dieses System hat sich als sehr wirksam erwiesen und kann als eine positive Erfahrung in der augenblicklichen Lage der Universität in der Welt betrachtet werden.

Ich könnte auch von Einrichtungen anderer Art in den Vereinigten Staaten, Japan, Argentinien, Australien, England, Frankreich oder auf den Philippinen sprechen. Aber das ist nicht nötig; es genügt zu erwähnen, daß das Opus Dei zur Zeit in den fünf Erdteilen verbreitet ist und daß ihm Menschen der verschiedensten Rassen und Gesellschaftsschichten aus mehr als siebzig Ländern angehören.

Um zum Schluß zu kommen: Sind Sie mit diesen vierzig Jahren Ihrer Tätigkeit zufrieden? Haben die Erfahrungen der letzten Jahre, die sozialen Umwälzungen, das Zweite Vatikanische Konzil usw. Sie dazu angeregt, Veränderungen im Aufbau des Werkes vorzunehmen?

Zufrieden? Ich kann gar nicht anders als zufrieden sein, wenn 72
ich sehe, daß der Herr trotz meiner persönlichen Armseligkeit in diesem Werke Gottes so viele wunderbare Dinge gewirkt hat. Für einen Menschen, der aus dem Glauben lebt, wird sein Leben stets die Geschichte des Erbarmens Gottes sein. In manchen Augenblicken dieser Geschichte mag es schwer werden, dies zu erfassen, alles kann nutzlos und mißglückt erscheinen. Zu anderen Zeiten aber läßt der Herr uns reiche Frucht sehen, dann ist es nur natürlich, daß das Herz sich in Danksagungen ergießt.

Eine meiner größten Freuden bestand gerade darin zu sehen, wie das Zweite Vatikanische Konzil mit großer Klarheit die göttliche Berufung der Laien verkündet hat. Ohne Anmaßung darf ich sagen, daß das Konzil, was unseren Geist angeht, keinerlei Anlaß zu irgendeiner Änderung gegeben, sondern vielmehr all das bestätigt hat, was wir mit der Gnade Gottes seit so vielen Jahren schon leben und lehren. Das Hauptmerkmal des Opus Dei besteht nicht in einigen Techniken oder Methoden des Apostolates, auch nicht in einem bestimmten Aufbau, sondern in einem Geist, der geradewegs zur Heiligung der alltäglichen Arbeit hinführt.

Fehler und persönliche Armseligkeiten – ich wiederhole es – haben wir alle. Wir alle müssen uns ernsthaft in der Gegenwart

Gottes prüfen und unser eigenes Leben dem gegenüberstellen, was der Herr von uns fordert. Aber ohne dabei das Wichtigste zu vergessen: *Si scires donum Dei* (Joh 4,10): Wüßtest du um das Gottesgeschenk, sagt Jesus zu der Samariterin. Und der heilige Paulus fügt hinzu: *Diesen Schatz tragen wir freilich in irdenen Gefäßen, damit der Überschwang an Kraft Gott zugemessen und nicht von uns hergeleitet werde* (2 Kor 4,7).

Die Demut, die Gewissenserforschung des Christen, beginnt mit der Anerkennung dieses Gottesgeschenkes. Das ist etwas ganz anderes als ein Sich-Zurückziehen vor dem Lauf der Dinge, als etwa Minderwertigkeitsgefühle oder Mutlosigkeit gegenüber der Geschichte. Im eigenen Leben und manchmal auch im Leben der Vereinigungen und Institutionen können Veränderungen, sogar viele Veränderungen, notwendig werden. Aber die Haltung, in welcher der Christ solchen Problemen gegenübertritt, muß vor allem im Staunen vor der Herrlichkeit der Werke Gottes bestehen, wenn man sie mit der menschlichen Niedrigkeit vergleicht.

Das *aggiornamento* muß sich vor allem im persönlichen Leben verwirklichen, um es in Einklang mit jener alten Neuheit des Evangeliums zu bringen. Hier *mit dem Lauf der Zeit zu gehen* heißt Einswerden mit Christus, der ja keine überholte Gestalt ist. Christus lebt und wird immer leben: *gestern, heute und in Ewigkeit* (Hebr 13,8).

Was nun das Opus Dei insgesamt angeht, so darf man ohne Anflug von Überheblichkeit mit Dank die Güte Gottes preisen, daß es niemals Anpassungsschwierigkeiten in der Welt haben wird. Niemals wird es nötig haben, *sich zu modernisieren.* Gott, unser Herr, hat das Werk ein für allemal modern gemacht, als er ihm seine besonderen laikalen Merkmale gab. So wird das Werk es niemals nötig haben, *sich der Welt anzupassen,* denn all seine Mitglieder *sind* von der Welt. Es braucht niemals hinter dem menschlichen Fortschritt herzuhinken, denn alle Mitglieder des Werkes leben mit den anderen Menschen zusammen in der Welt und ermöglichen diesen Fortschritt durch ihre *gewöhnliche Arbeit.*

DIE UNIVERSITÄT IM DIENST UNSERER GESELLSCHAFT*

Könnten Sie uns sagen, worin Sie die wesentliche Aufgabe der Universität sehen? Welcher Platz kommt Ihrer Meinung nach der religiösen Bildung innerhalb des Hochschulstudiums zu?

Daß die Universität einen erstrangigen Beitrag zum menschli- 73
chen Fortschritt leisten muß, wissen Sie sehr gut, weil Sie als Student an dieser Aufgabe eifrig mitarbeiten. Da das Leben der Völker zahlreiche, manchmal sehr komplexe Probleme kulturellen, sozialen, ökonomischen und geistlichen Charakters aufwirft, wird auch die Bildung, die die Universität vermittelt, all diesen Aspekten Rechnung tragen müssen.

Es genügt nicht, daß die Universität den Wunsch hat, dem Gemeinwohl zu dienen; der Weg, um diesem Wunsch Wirksamkeit zu verleihen, besteht darin, fähigen Männern und Frauen tatsächlich eine gründliche Bildung zu vermitteln, damit diese sie dann in den Dienst der anderen stellen.

Sie fragten mich nach der religiösen Bildung. Die Religion ist die größte Rebellion des Menschen, der nicht leben will wie ein Tier, der sich nicht zufrieden gibt und nicht zur Ruhe kommt, bevor er seinen Schöpfer kennt und Umgang mit ihm hat. Das Studium der Religion ist daher eine grundlegende Notwendigkeit. Ein Mensch, dem die religiöse Bildung fehlt, ist nicht wirklich gebildet. Die Religion muß daher auch in der Universität ihren Platz haben, und zwar sollte sie mit hohem wissenschaftlichen Niveau, als gute Theologie, gelehrt werden. Eine Universität, in der die Religion fehlt, ist unvollständig, denn sie verkennt

* Interview von Andrés Garrigó, veröffentlicht in *Gaceta Universitaria* (Madrid, 5. Oktober 1967).

eine wesentliche Dimension des Menschen, die die übrigen Dimensionen nicht ausschließt, sondern voraussetzt.

Aber niemals darf die Freiheit der Gewissen verletzt werden; die religiöse Unterweisung muß freiwillig sein. Allerdings wird ein Christ, der in Übereinstimmung mit seinem Glauben leben will, sich der ernsten Verpflichtung einer gründlichen Bildung auf diesem Gebiet bewußt sein; er braucht notwendig eine reife Kenntnis der Glaubenslehre, damit er sein Leben danach ausrichten und durch Wort und Beispiel Zeugnis von Christus ablegen kann.

Man macht sich heute viele Gedanken darüber, wie das Hochschulwesen demokratisiert und wie allen Gesellschaftsschichten der Zugang zur Hochschule erschlossen werden kann. Eine Universität, die ihrer sozialen Funktion nicht Rechnung trüge, ist heute unvorstellbar. Wie verstehen Sie diese Demokratisierung und wie kann Ihrer Meinung nach die Universität ihrer sozialen Aufgabe wirklich gerecht werden?

74 Die Universität muß die Studenten zu einer echten Dienstbereitschaft erziehen, das heißt zu der Bereitschaft, durch ihre Sorge um das Gemeinwohl, ihre berufliche Arbeit und ihre staatsbürgerliche Gesinnung der Allgemeinheit zu dienen. Die Studenten müssen sich ihrer Verantwortung bewußt sein; sie benötigen eine gesunde Unruhe gegenüber den Problemen ihrer Mitmenschen und die großzügige Bereitschaft, sich mit diesen Problemen auseinanderzusetzen und sich um ihre bestmögliche Lösung zu bemühen. All das muß die Universität den Studenten vermitteln.

Jeder, der die notwendigen Fähigkeiten besitzt, muß Zugang zum Hochschulstudium haben, unabhängig von sozialer Herkunft, wirtschaftlichen Verhältnissen, Rasse und Religion. Solange noch derartige Schranken bestehen, wird die Demokratisierung des Bildungswesens eine Phrase bleiben.

Mit einem Wort, die Universität muß allen offenstehen und die Studenten so ausbilden, daß ihre zukünftige Berufsarbeit allen zugute kommt.

Angesichts der materiellen und geistigen Not und des Elends so vieler Menschen in aller Welt drängt es viele Studenten, ihre Solidarität in einer aktiven Parteinahme zum Ausdruck zu bringen. Welche sozialen Ideale sollte man Ihrer Meinung nach der akademischen Jugend von heute nahebringen?

Das Ideal müßte während der Universitätsjahre vor allem in 75
einem wirklich gut durchgeführten Studium und einer gründlichen wissenschaftlichen Ausbildung bestehen. Ist diese Grundlage einmal da, dann findet man tausend Orte auf der Welt, wo man Hilfe braucht und auf eine persönliche, harte, opferbereite Tätigkeit wartet. Die Universität ist nicht dazu da, junge Menschen auszubilden, damit sie nachher die Vorteile, die sie aufgrund ihrer Studien erreichen, egoistisch für sich allein genießen; sie muß sie vielmehr auf die Aufgabe vorbereiten, ihren Mitmenschen in christlicher Brüderlichkeit und Großzügigkeit zu helfen.

Allzuoft erschöpft sich die von Ihnen erwähnte Solidarität im bloßen Gerede und in unfruchtbarem oder gar schädlichem Theater. Für mich besteht der einzige Maßstab echter Solidarität im Tun, das den Mitmenschen dient. Ich weiß von Tausenden von Studenten in Spanien und in anderen Ländern, die darauf verzichtet haben, sich ihre eigene kleine Welt aufzubauen, und die sich stattdessen in Bildungsstätten, Einrichtungen der Sozialhilfe usw. mit der Bereitschaft und Freude der Jugend ganz ihren Mitmenschen widmen, indem sie sich bemühen, ihre berufliche Arbeit dort, menschlich gesehen, so vollkommen wie möglich zu verrichten.

Welche Verantwortung kommt Ihrer Meinung nach der Universität als Körperschaft sowie den einzelnen Professoren und Studenten zu angesichts der gegenwärtigen sozialen und politischen Lage in unserem Land und in der übrigen Welt, angesichts des Krieges, der Ungerechtigkeit und der Unterdrückung? Kann die Universität innerhalb ihrer Mauern die Entfaltung politischer Tätigkeit von Studenten und Professoren unbeschränkt zulassen?

76 Zunächst einmal möchte ich klarstellen, daß das, was ich hier im Gespräch zum Ausdruck bringe, meine persönliche Meinung darstellt, die Meinung eines Mannes, der seit seinem 16. Lebensjahr (heute bin ich 65) niemals den Kontakt zur Universität verloren hat. Es handelt sich also um meine eigenen Ansichten und nicht etwa um die Ansichten des Opus Dei, das in zeitlichen und der freien Diskussion offenstehenden Fragen weder bereit noch in der Lage ist, Stellung zu beziehen, da seine Zielsetzung *ausschließlich* geistlicher Natur ist. Jedes Mitglied des Opus Dei besitzt und vertritt in völliger Freiheit seinen eigenen, *persönlichen* Standpunkt und nimmt dafür ebenso *persönlich die Verantwortung* auf sich.

Um auf Ihre Frage zurückzukommen: Ich finde, an erster Stelle müßten wir uns darüber einigen, was hier unter *Politik* zu verstehen ist. Wenn man unter Politik versteht, sich für den Frieden, die soziale Gerechtigkeit und die Freiheit aller einzusetzen und zu arbeiten, dann hat sowohl jeder einzelne in der Universität als auch die Universität als Körperschaft die Pflicht, sich diese Ideale zu eigen zu machen und für die Bewältigung dieser großen Probleme der Menschheit jede Anstrengung zu fördern.

Versteht man dagegen unter Politik die konkrete Lösung eines bestimmten Problems neben anderen möglichen und rechtmäßigen Lösungen und in Konkurrenz zu denjenigen, die das Gegenteil vertreten, dann bin ich der Ansicht, daß die Universität nicht der rechte Ort für derartige Entscheidungen ist.

In der Universität soll man sich darauf *vorbereiten,* zur Lösung dieser Probleme beizutragen. Die Universität ist für alle da; sie ist ein Ort des Studiums, der Freundschaft und des *friedlichen Zusammenlebens* von Menschen der verschiedenen Denkrichtungen, die immer den legitimen Pluralismus der Gesellschaft ausdrücken.

Könnten Studenten oder auch Professoren dann ihre Freiheit dazu gebrauchen, die Universität zu „politisieren", wenn sich die politische Situation in ihrem Land derart zuspitzen sollte, daß sie diese Handlungsweise vor ihrem Gewissen für erforderlich halten, weil es ihnen an anderen erlaubten Mitteln fehlt, um einem allgemeinen Notstand der Nation zu begegnen?

Wenn in einem Land keinerlei politische Freiheit herrscht, 77
dann kann es sein, daß die Universität entartet, daß sie aufhört, eine gemeinsame Stätte für alle zu sein, und sich in ein Schlachtfeld entgegengesetzter Meinungsgruppen verwandelt.

Aber dennoch wäre es meiner Ansicht nach besser, diese Jahre für eine ernsthafte Ausbildung zu verwenden und so eine wirklich soziale Denkweise heranzubilden, damit diejenigen, die später einmal die leitenden Stellungen innehaben – das sind die heutigen Studenten –, sich nicht in derart pathologischer Weise der persönlichen Freiheit entgegenstellen. Wenn sich die Universität in einen Ort verwandelt, wo die konkreten politischen Probleme debattiert und entschieden werden, hat das leicht zur Folge, daß jede ausgeglichene akademische Atmosphäre verlorengeht und sich die Studenten an ein übertriebenes Gruppendenken gewöhnen; auf diese Weise werden Universität und Nation niemals das chronische Übel des Totalitarismus – gleich welcher Prägung – überwinden.

Damit keinerlei Zweifel aufkommt: Wenn ich sage, die Universität sei nicht der rechte Ort, um Politik zu treiben, dann schließe ich damit keineswegs aus, sondern wünsche vielmehr, daß es eine normale politische Ausdrucksmöglichkeit für alle Bürger geben sollte. Aber obwohl ich in diesem Punkt eine sehr konkrete Meinung habe, möchte ich es hierbei bewenden lassen, denn meine Aufgabe besteht nicht in der Politik, sondern in der Seelsorge. Was ich hier zu Ihnen sage, liegt in meinem Zuständigkeitsbereich, denn ich betrachte mich als Angehörigen der Universität, und alles, was mit der Universität zu tun hat, erregt mein lebhaftes Interesse. Ich betreibe keine Politik, noch will oder kann ich das tun, aber meine juristische und theologische Mentalität – und nicht zuletzt mein christlicher Glaube – lassen mich in jedem Fall für die legitime Freiheit aller Menschen Partei ergreifen.

Niemand darf sich anmaßen, aus zeitlichen Fragen angebliche Glaubenssätze zu machen. Angesichts konkreter Probleme, gleich welcher Art, gibt es nur eines, nämlich sie gut zu studieren und dann in persönlicher Freiheit und mit persönlicher Verantwortung dem eigenen Gewissen entsprechend zu handeln.

Worin besteht Ihrer Meinung nach die Aufgabe, die den studentischen Vereinigungen oder Körperschaften zukommt? Wie sollten sich ihre Beziehungen zu den akademischen Behörden gestalten?

78 Sie verlangen hier von mir ein Urteil über einen sehr weitreichenden Fragenkomplex; ich kann deshalb nicht auf Einzelheiten eingehen. Hier nur einige allgemeine Gedanken: Ich bin der Ansicht, daß die Studentenvereinigungen an den spezifischen Aufgaben der Universität mitwirken müssen. Es muß Studentenvertreter geben, die von ihren Kommilitonen frei gewählt sind und sich in dem Bewußtsein mit den akademischen Behörden zusammenfinden, daß es darum geht, in gegenseitigem Zusammenwirken an einer gemeinsamen Aufgabe zu arbeiten. Hier besteht eine weitere Gelegenheit, um wirklich zu dienen.

Es muß eine Satzung geben, die das Verfahren regelt, damit die Zusammenarbeit wirksam, gerecht und sinnvoll vonstatten geht. Die zu behandelnden Fragen müssen vorher gründlich bearbeitet und erwogen sein; wenn die Lösungen, die vorgeschlagen werden, gut durchdacht sind, wenn sie aus einem konstruktiven Verlangen heraus geboren wurden und nicht in der Absicht, Gegensätze zu schaffen, dann gewinnen sie eine solche innere Autorität, daß sie sich von selbst durchsetzen.

All das setzt voraus, daß die Studentenvertreter wirkliches Niveau besitzen, das heißt an erster Stelle, daß sie die Freiheit der anderen und ihre eigene Freiheit lieben und bereit sind, die sich daraus ergebende Verantwortung zu übernehmen. Daß es ihnen nicht darum geht, persönlich zu glänzen oder sich Zuständigkeiten anzumaßen, die sie nicht besitzen, sondern ihnen wirklich das Wohl der Universität am Herzen liegt und damit das Wohl ihrer Studienkollegen. Andererseits müssen die Wähler ihre Repräsentanten nach diesen Gesichtspunkten aussuchen und nicht nach Kriterien, die mit der Wirksamkeit der *Alma Mater* nichts zu tun haben. Nur so wird die Universität zu einer Stätte des Friedens, zum Ort einer guten, ehrlichen Unruhe, die für das Studium und die Bildung aller dienlich ist.

In welchem Sinn verstehen Sie die Lehrfreiheit und unter welchen Voraussetzungen erachten Sie sie für notwendig? Welche Rechte muß sich der Staat im Hochschulbereich vorbehalten? Halten Sie die Autonomie für ein grundlegendes Prinzip der Hochschulorganisation? Könnten Sie uns die wesentlichen Grundsätze nennen, auf denen ein System der Hochschulautonomie beruhen muß?

Die Lehrfreiheit ist nichts weiter als ein Aspekt der Freiheit 79
überhaupt. Für mich ist die persönliche Freiheit eine absolute Notwendigkeit für alle Menschen und in allem, was moralisch statthaft ist. Lehrfreiheit und Freiheit des Schulwesens sollte es also für alle auf allen Ebenen geben. Jede Privatperson und jede Vereinigung, die die Fähigkeit dazu besitzt, müßte demnach die Möglichkeit haben, unter gleichen Bedingungen und ohne unnötige Schwierigkeiten Bildungszentren zu errichten.

Die Rolle des Staates hängt von den sozialen Verhältnissen ab; sie ist in Deutschland anders als in England, in den Vereinigten Staaten anders als in Japan, um einige Länder mit völlig verschiedenen Erziehungssystemen zu nennen. Dem Staat kommen zweifellos Aufgaben in der Förderung, der Kontrolle und Beaufsichtigung des Schulwesens zu. Aber das verlangt Chancengleichheit zwischen den staatlichen Unternehmungen und privaten Initiativen. Beaufsichtigen bedeutet nicht, Schwierigkeiten zu machen und die Freiheit zu behindern oder einzuschränken.

Aus diesem Grund halte ich die Autonomie der Lehre für notwendig; Autonomie ist nur ein anderer Ausdruck für Freiheit der Lehre und des Schulwesens überhaupt. Die Universität als Körperschaft muß die Unabhängigkeit eines Organs innerhalb eines lebendigen Organismus besitzen, das heißt Freiheit bei ihrer spezifischen Aufgabe zugunsten des Gemeinwohls.

Kriterien für eine tatsächliche Verwirklichung dieser Autonomie sind zum Beispiel die freie Berufung der Professoren, die freie Ernennung der Verwaltungsspitze, Freiheit in der Erarbeitung der Studienpläne, die Möglichkeit, Vermögen zu bilden und es zu verwalten, mit einem Wort: alle notwendigen Bedingungen, damit die Universität ein wirkliches Eigenleben besitzen kann. Wenn sie diese Eigenständigkeit hat, dann wird sie auch in der Lage sein, sich wirksam für das Wohl der ganzen Gesellschaft einzusetzen.

Unter den Studenten wird eine immer stärkere Kritik an der Tatsache laut, daß die Lehrstühle auf Lebenszeit vergeben werden. Scheint Ihnen diese Kritik berechtigt zu sein?

80 Ja. Selbst unter Berücksichtigung des hohen menschlichen und wissenschaftlichen Niveaus des spanischen Professorenkollegiums bevorzuge ich das System der freien vertraglichen Anstellung. Das freie Angestelltenverhältnis bedeutet meiner Ansicht nach wirtschaftlich gesehen keinen Nachteil für den Professor, und es stellt andererseits einen Ansporn für den Lehrstuhlinhaber dar, niemals mit der Forschung aufzuhören oder seine Weiterbildung zu vernachlässigen. Außerdem wird so vermieden, daß der Lehrstuhl als eine Pfründe statt einer Stätte des Dienstes aufgefaßt wird.

Ich bestreite damit weder, daß man mit dem System des Lehrstuhls auf Lebenszeit in manchen Ländern gute Erfahrungen macht, noch, daß es innerhalb dieses Systems Professoren mit großem Prestige gibt, die ihren Lehrstuhl wirklich als Dienst an der Universität verstehen. Aber meiner Ansicht nach ermöglicht der freie Vertragsabschluß, daß diese Fälle immer häufiger und vielleicht sogar – wie es das Ideal wäre – schließlich der Normalfall werden.

Meinen Sie nicht, daß nach dem Zweiten Vaticanum Begriffe wie ,,Kirchliche Gymnasien", ,,Katholische Schulen" oder ,,Universitäten der Kirche" antiquiert sind? Scheint es Ihnen nicht, daß derartige Formen die Kirche zu Unrecht kompromittieren oder nach Privilegien aussehen?

81 Nein, ich bin nicht dieser Ansicht, falls man die ,,Schulen der Kirche", die ,,Katholischen Schulen" usw. als Ausdruck des der Kirche und den Ordensgemeinschaften zustehenden Rechts ansieht, Bildungsanstalten ins Leben zu rufen. Eine Schule oder eine Universität zu errichten ist kein Privileg, sondern eine Last, wenn man dafür sorgt, daß sie allen und nicht nur den wirtschaftlich Gutgestellten offenstehen.

Es lag nicht in der Absicht des Konzils, die konfessionellen Lehranstalten für überholt zu erklären. Es wollte nur zeigen, daß es daneben auch eine andere Form christlicher Präsenz im Bildungswesen gibt – wie sie beispielsweise seit vielen Jahren von den Mitgliedern des Opus Dei verwirklicht wird –, die vielleicht noch notwendiger und universeller ist: das freie Wirken katholischer Laien, die sich innerhalb oder außerhalb des staatlichen Schulwesens beruflich den Aufgaben der Erziehung widmen. Das ist nur ein weiterer Beweis dafür, ein wie klares Bewußtsein die Kirche heutzutage von der Wirksamkeit des Laienapostolates gewonnen hat.

Andererseits muß ich zugeben, daß ich keinerlei Sympathie für Begriffe wie „Katholische Schule", „Kirchliches Gymnasium" usw. hege, obwohl ich die entgegengesetzte Ansicht vollauf respektiere. Persönlich ziehe ich es vor, daß die Initiativen sich durch ihre Früchte und nicht durch ihren Namen auszeichnen. Eine Schule ist dann wirklich „christlich", wenn sie sich, ohne sich äußerlich von den anderen zu unterscheiden, um ein hohes Niveau bemüht, die persönliche Freiheit respektiert, sich für die Förderung der dringend notwendigen sozialen Gerechtigkeit einsetzt und eine Arbeit umfassender – auch christlicher – Bildung verwirklicht. Wenn das tatsächlich geschieht, spielt der Name keine Rolle. Wie gesagt, ziehe ich es persönlich vor, solche Adjektive zu vermeiden.

Können Sie uns als Großkanzler der Universität von Navarra einiges zu den Gründen sagen, die Sie bewogen haben, diese Universität ins Leben zu rufen, und welche Bedeutung ihr heute im Rahmen der übrigen spanischen Universitäten zukommt?

Jahre vor ihrer Gründung hatte ich, und viele mit mir, für 82
diese Universität gebetet. Es freut mich, das jetzt sagen zu können. 1952 wurde sie dann ins Leben gerufen aus dem Wunsch heraus, eine Hochschuleinrichtung zu schaffen, in der die kulturellen und apostolischen Ideale einer Gruppe von Professoren, die sich der tiefen Verantwortung ihrer Lehraufgabe bewußt waren, gedeihen könnten. Es ging damals und es geht heute darum, zusammen mit den übrigen Universitäten einen Beitrag zur Lösung des großen Bildungsproblems in Spanien und in vielen anderen Ländern zu leisten, wo man Menschen benötigt, die befähigt sind, am Aufbau einer gerechteren Gesellschaft mitzuwirken.

Die Dozenten, die mit der Arbeit in der Universität von Navarra begannen, waren in der spanischen Hochschullandschaft keine Fremden; sie hatten in Madrid, Barcelona, Santiago, Granada und in vielen anderen Universitäten zuerst studiert und dann dort gelehrt. Diese enge Zusammenarbeit – ich wage zu sagen, daß sie enger ist als die übliche Zusammenarbeit selbst unter benachbarten Universitäten – hat sich fortgesetzt im häufigen Austausch, in Besuchen von Professoren, auf nationalen Kongressen im Dienste des gemeinsamen Forschens usw. Ein ähnlicher Kontakt bestand und besteht zu den besten Universitäten anderer Länder, wie die gerade erfolgte Ernennung von Professoren der Sorbonne, aus Harvard, Coimbra, München und Löwen zu Ehrendoktoren der Universität von Navarra bestätigt.

Die Universität von Navarra hat es auch verstanden, die Hilfsbereitschaft vieler Menschen nutzbar zu machen, die ein von den wirtschaftlichen Möglichkeiten des einzelnen unabhängiges Studium als wesentliche Grundlage für den Fortschritt des Landes ansehen. Und so ist die Vereinigung der Freunde der Universität von Navarra Wirklichkeit geworden, die dank ihrer großzügigen Hilfe bereits eine große Zahl von Stipendien und Freiplätzen verteilen konnte. Diese Zahl wird weiter wachsen, wie auch die Zahl der afroasiatischen und lateinamerikanischen Studenten weiter zunehmen wird.

Man hat geschrieben, die Universität von Navarra sei eine Universität für Reiche, und trotzdem erhalte sie auch noch umfangreiche Subventionen vom Staat. In Bezug auf den ersten Punkt wissen wir selbst, daß diese Behauptung nicht stimmt, denn schließlich sind wir selbst Studenten und kennen auch unsere Kommilitonen von Navarra. Wie verhält es sich jedoch mit den staatlichen Subventionen?

83 Es gibt konkrete Angaben, die von der Presse veröffentlicht wurden und daher jedermann zugänglich sind, aus denen ersichtlich ist, daß – bei etwa gleichhohen Gebühren wie in den übrigen Universitäten – der Prozentsatz der Studenten, die eine finanzielle Beihilfe für ihr Studium erhalten, an der Universität von Navarra höher ist als an jeder anderen Universität des Landes. Und ich darf Ihnen sagen, daß diese Zahl noch weiter zu-

nehmen wird, bis ein höherer oder zumindest ähnlicher Prozentsatz erreicht wird wie an jenen Universitäten außerhalb Spaniens, die sich am meisten durch ihre soziale Förderungsarbeit auszeichnen.

Es ist begreiflich, daß es Staunen hervorruft und an die Existenz großer wirtschaftlicher Mittel denken läßt, wenn man den lebendigen Organismus der Universität von Navarra so bewundernswert funktionieren sieht. Aber bei diesen Überlegungen läßt man leicht außer acht, daß nicht allein die wirtschaftlichen Hilfsquellen dafür ausschlaggebend sind, wenn ein Unternehmen gut vorangeht. Der Grund für die Vitalität dieser Hochschule ist vor allem in dem Einsatz, der Begeisterung und der Arbeitsintensität zu suchen, die alle, angefangen von den Professoren über die Studenten und Angestellten bis hin zu den Pförtnern und den Frauen, die sich um die Reinigung kümmern, in die Universität investiert haben. Ohne diese Hilfe wäre die Universität nicht lebensfähig gewesen.

Was die wirtschaftliche Seite angeht, so wird die Universität durch ganz verschiedenartige Subventionen unterhalten. An erster Stelle steht dabei die Unterstützung, welche die „Diputación Foral“ (der Landschaftsverband von Navarra) für den Unterhalt leistet. Ferner hat die Stadtverwaltung von Pamplona, wie es in vielen Universitätsstädten anderer Länder üblich ist, Gelände für die neuen Universitätsgebäude zur Verfügung gestellt. Sie werden aus Erfahrung wissen, welches geistige und wirtschaftliche Interesse ein Land wie Navarra und ganz konkret Pamplona daran besitzt, über eine moderne Universität zu verfügen, die allen die Möglichkeit einer guten Hochschulbildung erschließt.

Sie fragen nach Subventionen von seiten des Staates. Der spanische Staat leistet keinen Beitrag zum Unterhalt der Universität von Navarra. Er hat einige Zuschüsse zur Schaffung neuer Studienplätze gewährt, welche die großen wirtschaftlichen Lasten vermindern, die durch die neuen Einrichtungen entstehen.

Weitere Einnahmequellen sind im Falle der Technischen Hochschule für Maschinenbau Beiträge verschiedener Körperschaften dieser Provinz, insbesondere der Provinzsparkasse Guipúzcoas.

Seit den Anfängen der Universität kommt der Hilfe von spanischen und ausländischen, staatlichen und privaten Stiftungen eine ganz besondere Bedeutung zu: So erhielt die Universität eine bedeutende offizielle Spende der Vereinigten Staaten für die Ausrüstung der Technischen Hochschule mit wissenschaftlichen Instrumenten, einen Beitrag des deutschen Hilfswerks Misereor für die neuen Gebäude, Beiträge der Stiftung Huarte für die Krebsforschung, der Stiftung Gulbenkian usw.

Die wohl erfreulichste Hilfe kommt von vielen tausend Einzelnen aller sozialen Schichten aus dem In- und Ausland – viele von ihnen leben in bescheidenen wirtschaftlichen Verhältnissen –, die im Rahmen ihrer Möglichkeiten dazu beitragen, die Universität zu unterhalten.

Schließlich sind auch die Firmen nicht zu vergessen, die an den Forschungsarbeiten interessiert sind und mitarbeiten oder auf andere Weise helfen.

Vielleicht meinen Sie, mit all dem müßte mehr als genug Geld vorhanden sein. Leider nicht: Die Universität von Navarra ist weiterhin nicht in der Lage, sich wirtschaftlich zu tragen. Ich wünschte nur, daß uns noch mehr Menschen und Stiftungen helfen würden, damit diese Arbeit im Dienste und zum Nutzen der Gesellschaft in noch größerem Umfang fortgesetzt werden kann.

Sie sind der Gründer des Opus Dei und Initiator zahlreicher Hochschuleinrichtungen in der ganzen Welt. Können Sie uns sagen, welche Gründe das Opus Dei bewogen haben, diese Einrichtungen ins Leben zu rufen? Was sind die besonderen Merkmale der Arbeit des Opus Dei im Hochschulbereich?

84 Das Ziel des Opus Dei besteht darin, vielen Menschen auf der ganzen Welt in der Theorie und durch die Praxis bewußt zu machen, daß man die gewöhnliche Tätigkeit, die alltägliche Berufsarbeit heiligen und sich mitten im Alltag um die christliche Vollkommenheit bemühen kann, ohne die Arbeit, zu der uns der Herr gerufen hat, zu verlassen. Die wichtigste apostolische Arbeit des Opus Dei ist daher das persönliche Apostolat, das seine Mitglieder als einzelne durch ihre berufliche Arbeit verwirklichen, indem sie diese – trotz der persönlichen Fehler, die ein jeder haben mag – mit der größtmöglichen menschlichen Voll-

kommenheit zu verrichten suchen. Das geschieht in jedem Milieu und überall auf der Welt, denn dem Opus Dei gehören Menschen aller Rassen und sozialen Schichten aus etwa siebzig Ländern an.

Außerdem gründet das Opus Dei als Vereinigung in Zusammenarbeit mit vielen anderen Menschen, die ihm nicht angehören und oft nicht einmal Christen sind, korporative Einrichtungen, mit denen es einen Beitrag zur Lösung aktueller Probleme unserer Gesellschaft leisten möchte: Bildungszentren, Einrichtungen der Sozialhilfe, Berufsschulen usw. Die Initiativen im Hochschulbereich, von denen Sie sprachen, sind nur ein Aspekt unter vielen innerhalb dieser Tätigkeiten. Ihre charakteristischen Züge lassen sich etwa so zusammenfassen: Erziehung zu persönlicher Freiheit und Eigenverantwortung. Wo Freiheit und Verantwortung herrschen, arbeitet man gern und besser, Kontrolle oder Überwachung erübrigt sich, weil sich jeder *zu Hause* fühlt, und es genügt einfach ein Stundenplan. Hinzu kommt ein Geist des Zusammenlebens ohne jedwede Diskriminierung: In der Gemeinschaft formt sich die Persönlichkeit, denn dort lernt man, daß die Freiheit der anderen respektiert werden muß, wenn man die eigene Freiheit respektiert sehen will. Und schließlich ist eine Haltung wirklicher Brüderlichkeit notwendig. Die eigenen Talente müssen in den Dienst der Mitmenschen gestellt werden, sonst nützen sie wenig. Die korporativen Einrichtungen, die das Opus Dei in der ganzen Welt unterhält, sind immer für alle da, weil sie ein christlicher Dienst sind.

In einem Beisammensein mit Studenten der Universität von Navarra im vergangenen Mai haben Sie ein Buch über Fragen der Universität und des studentischen Lebens versprochen. Können Sie uns sagen, ob es bald erscheinen wird?

Erlauben Sie einem alten Mann von über sechzig Jahren diese 85
kleine Eitelkeit: Ich hoffe, das Buch wird erscheinen, und ich hoffe, daß es für Professoren und Studenten von Nutzen sein kann. Zumindest werde ich die ganze Liebe hineinlegen, die ich zur Universität hege und die ich nie verloren habe, seitdem ich sie vor vielen Jahren zum erstenmal betrat.

Vielleicht dauert es noch ein wenig, aber das Buch wird sicher erscheinen. Bei einer anderen Gelegenheit versprach ich den Studenten von Navarra eine Statue der Mutter Gottes. Sie sollte mitten auf dem Campus der Universität aufgestellt werden, damit die Gottesmutter die lautere Liebe dieser Jugend segnen möge. Es dauerte eine Weile, aber schließlich kam die Statue der Mutter Gottes, ,,Mutter der schönen Liebe", die der Heilige Vater persönlich für die Studenten gesegnet hatte.

In Bezug auf das Buch muß ich Ihnen noch folgendes sagen: Bitte erwarten Sie nicht, daß es allen gefällt. Ich werde dort meine persönlichen Ansichten darlegen und ich hoffe, sie werden von denen, die das Gegenteil vertreten, genauso respektiert, wie ich alle Meinungen respektiere, die nicht mit meiner eigenen übereinstimmen, und wie ich alle Menschen hochachte, die ein großes und weites Herz haben, auch wenn sie nicht den Glauben an Christus mit mir teilen. Darf ich eine kleine Anekdote erzählen, die sich oft wiederholt, das letzte Mal in Pamplona: Ein Student kam auf mich zu, um mich zu begrüßen; ,,Monsignore", sagte er mir, ,,ich bin kein Christ, ich bin Mohammedaner." ,,Du bist ein Kind Gottes, genau wie ich", antwortete ich ihm und umarmte ihn von Herzen.

Könnten Sie uns zum Schluß noch ein paar Worte zu unserer Arbeit in der Studentenpresse sagen?

86 Der Journalismus ist eine großartige Sache, auch die Arbeit an einer Studentenzeitung. Ihr könnt viel dazu beitragen, unter euren Kommilitonen die Liebe zu echten Idealen, die Bereitschaft, den eigenen Egoismus zu überwinden, das Gespür für die gemeinschaftlichen Aufgaben und die Brüderlichkeit zu fördern. Und vor allem – ich kann nicht anders, ich muß immer wieder darauf hinweisen –: Habt eine große Liebe zur Wahrheit!

Ich gestehe ganz offen, die Sensationsgier gewisser Journalisten, die die Wahrheit nur halb sagen, ekelt mich an. Informieren bedeutet nicht, auf halbem Wege zwischen Wahrheit und Lüge stehenzubleiben; das hat weder etwas mit Information noch mit Moral zu tun. Leute, die ein paar Halbwahrheiten mit einer Menge von Irrtümern und sogar mit vorsätzlichen Verleumdungen vermengen, kann man nicht als Journalisten bezeichnen. Sie sind nur ein paar mehr oder weniger gut geschmierte Zahnräder im Getriebe jener Organisationen, die Unwahrheiten verbreiten in der Überzeugung, daß sie dann von selbst, dank der gutgläubigen Einfältigkeit und Dummheit nicht weniger, bis zum Überdruß wiederholt werden. Ich muß gestehen, daß diese falschen Journalisten, sofern es mich betrifft, *gut wegkommen,* denn es vergeht kein Tag, an dem ich nicht für sie bete und den Herrn bitte, Er möge ihnen ein klares Gewissen geben.

Ich möchte Euch also bitten, die Liebe zum guten Journalismus zu verbreiten, der sich nicht mit unbestätigten Gerüchten, mit dem „man sagt" zufrieden gibt, das von überdrehten Köpfen phantastisch zusammengereimt wurde. Informiert mit Tatsachen und Daten, ohne über die Absicht der Menschen zu urteilen, und respektiert mit Sachlichkeit die legitime Verschiedenheit der Meinungen, ohne in persönliche Angriffe zu verfallen. Wo echte Information fehlt, ist es kaum möglich, daß die Menschen wirklich gut miteinander auskommen. Echte Information hat keine Angst vor der Wahrheit, sie läßt sich weder von der Sorge um das eigene Fortkommen noch von einem falschen Prestige oder von wirtschaftlichen Vorteilen bestimmen.

DIE FRAU IN WELT UND KIRCHE*

Während sich die Rolle der Frau bisher weitgehend auf den häuslichen Bereich beschränkte, gewinnt ihre Anwesenheit im öffentlichen Leben heute zunehmend an Bedeutung. Wie beurteilen Sie diese Entwicklung? An welche Grundsätze soll sich die Frau Ihrer Meinung nach halten, um der ihr zukommenden spezifischen Aufgabe gerecht zu werden?

An erster Stelle halte ich es für wichtig, die beiden Lebensbe- 87
reiche, die Sie erwähnen, nicht als einander entgegengesetzt darzustellen. Ebenso wie im Leben des Mannes werden Heim und Familie auch im Leben der Frau – in besonderer, ihr gemäßer Weise – immer eine zentrale Rolle spielen. Die Sorge für die Familie stellt ohne Zweifel immer eine große menschliche und christliche Aufgabe dar. Das bedeutet jedoch nicht, daß die Arbeit im Haushalt, die, wohlgemerkt, einen echten Beruf ausmacht, für die Frau die Möglichkeit ausschließt, sich auch in irgendeinem der zahlreichen anderen Berufe innerhalb der Gesellschaft zu betätigen. Die fast alternative Gegenüberstellung der beiden Aufgabenbereiche macht zwar das Anliegen, das hinter Ihrer Frage steht, gut deutlich, aber andererseits scheint mir ein derart schematisches Entweder-Oder nicht unproblematisch zu sein; denn eine solche Festlegung könnte sehr leicht durch Akzentverlagerung in einen vom Sozialen her gesehen noch viel schlimmeren Irrtum umschlagen als in den, den man zu überwinden meint; es wäre nämlich viel folgenschwerer, wenn die Frau die Sorge für ihre Familie hintanstellen würde.

* Interview von Pilar Salcedo, veröffentlicht in *Telva* (Madrid, 1. Februar 1968).

Auch was den Bereich der Persönlichkeit anbetrifft, kann man keineswegs einfach behaupten, die Frau könne sich nur außerhalb des häuslichen Bereiches voll entfalten, als ob die Zeit, die sie ihrer Familie widmet, für Reife und Entfaltung ihrer Persönlichkeit verloren wäre. Das eigene Zuhause, das jede, auch die unverheiratete Frau dringend benötigt, ist in einzigartiger Weise geeignet, zum Wachstum ihrer Persönlichkeit beizutragen. Denn in der liebevollen Sorge für ihren Mann und ihre Kinder im Fall der Ehefrau, oder ganz allgemein in dem Bemühen, in ihrer Umgebung eine anziehende, warme Familienatmosphäre zu schaffen, erfüllt die Frau ihre ureigene, unersetzbare Aufgabe, und so vermag sie gerade hier ihre Persönlichkeit voll zu entfalten.

Wie ich bereits sagte, steht eine Beteiligung der Frau an anderen Aufgaben des sozialen und politischen Lebens dazu nicht im Widerspruch. Auch auf diesen Gebieten kann die Frau, und zwar gerade aufgrund ihrer spezifisch fraulichen Eigenschaften, einen wertvollen Beitrag leisten; und dazu wird sie in dem Maße in der Lage sein, in dem sie menschlich und beruflich entsprechend vorbereitet ist. Ebenso wie die Familie benötigt auch die Gesellschaft ohne Zweifel diesen unersetzbaren, keineswegs zweitrangigen Beitrag der Frau.

Fortschritt, Reife und Emanzipation der Frau dürfen jedoch nicht als Gleichheit mit dem Mann, im Sinne von Gleichförmigkeit mit ihm, verstanden werden. Die bloße *Nachahmung* typisch männlicher Verhaltensweisen wäre kein Gewinn, sondern ein Verlust für die Frau; nicht weil sie mehr oder weniger wäre als der Mann, sondern weil sie anders ist. Natürlich besteht eine prinzipielle *Rechtsgleichheit* zwischen Mann und Frau, da die Frau als Person und als Kind Gottes die gleiche Würde besitzt wie der Mann, und diese Rechtsgleichheit muß sowohl im bürgerlichen wie im kirchlichen Recht ihre gesetzliche Anerkennung finden. Ausgehend von dieser grundsätzlichen Gleichheit muß dann aber ein jeder das zu erreichen suchen, was ihm eigen ist; und so verstanden, bedeutet Emanzipation für die Frau soviel wie die echte Möglichkeit zu einer vollen Entfaltung ihrer Eigenart als Einzelpersönlichkeit und als Frau. Rechtsgleichheit und gesetzlich garantierte Chancengleichheit heben diese Eigenart, die eine Bereicherung für alle bedeutet, nicht auf. Sie setzen sie voraus und fördern sie.

Die Frau ist dazu berufen, in Familie, Gesellschaft und Kirche etwas hineinzutragen, das nur ihr eigen ist und das nur sie zu geben vermag: feinfühlige Umsicht, unermüdliche Großzügigkeit, Liebe für das Konkrete, Scharfsinn, Einfühlungsvermögen, Ausdauer und eine tiefe, schlichte Frömmigkeit. Das Frau-Sein ist nicht echt, wenn es nicht in der Lage ist, die Schönheit dieses unersetzlichen Beitrags zu begreifen und ihn im eigenen Leben zu verwirklichen. Um diese Aufgabe zu erfüllen, muß die Frau ihre eigene Persönlichkeit entfalten, ohne sich von einem naiven Nachahmungsdrang leiten zu lassen, der sie im allgemeinen leicht in einen Zustand der Unterlegenheit versetzen würde und ihre ureigenen Möglichkeiten unerfüllt ließe. Wenn sie sich darum bemüht, sich in persönlicher Unabhängigkeit und Eigenständigkeit zu bilden, wird sie in der Lage sein, ihre Arbeit und jedwede Aufgabe, zu der sie sich berufen fühlt, wirksam zu erfüllen. Ihr Leben und ihr Schaffen wird wahrhaft konstruktiv, fruchtbar und sinnerfüllt sein, ganz gleich ob sie nun den Tag an der Seite ihres Mannes und ihrer Kinder verbringt, oder ob sie – etwa weil sie aus einem vornehmen Grund auf die Ehe verzichtet hat – all ihre Kräfte in den Dienst anderer Aufgaben stellt. Wenn sie ihrer menschlichen und göttlichen Berufung treu ist, kann und wird jede Frau auf dem ihr eigenen Weg ihre frauliche Eigenart voll entfalten. Vergessen wir nicht, daß Maria, die Mutter Gottes und Mutter der Menschen, uns nicht nur Vorbild ist, sondern zugleich ein lebendiger Beweis für den überzeitlichen Wert, den ein scheinbar unbedeutendes Leben haben kann.

Trotzdem ist die Frau gelegentlich nicht sicher, ob sie wirklich die Rolle spielt, die ihr zukommt und zu der sie berufen ist. Arbeitet sie außerhalb des Hauses, dann empfindet sie die Anforderungen des Heimes oft als Last, widmet sie sich ganz der Familie, fühlt sie sich in ihren Möglichkeiten eingeengt. Was würden Sie den Frauen sagen, die diesen Zwiespalt erfahren?

Dieses sehr reale Empfinden hat seine Ursache häufig nicht so 88
sehr in der tatsächlichen Begrenztheit, der wir schließlich als Menschen alle unterworfen sind, als vielmehr im Fehlen klar umrissener Ideale, die dem ganzen Leben eine Richtung zu geben

vermögen. Dazu kommt oft der unbewußte Hochmut, daß wir in jeder Hinsicht und auf allen Gebieten die Besten sein möchten. Und wenn wir dann die Unmöglichkeit dieses Verlangens einsehen, entsteht leicht eine allgemeine Stimmung der Unsicherheit und Lustlosigkeit, die schließlich dem Widerwillen und der Niedergeschlagenheit Platz macht. Man wird unfähig, seine Pflichten gut zu erfüllen, weiß nicht mehr, woran man sich halten soll, und macht alles halb. Es ist nicht verwunderlich, daß in einer solchen Lage der Neid erwacht und die entfesselte Fantasie in Vorstellungen Zuflucht sucht, die uns mehr und mehr von der Wirklichkeit entfernen und schließlich den Willen einschläfern. Es ist ein Zustand, den ich oft als *Blechmystik* bezeichnet habe*, die aus eitlen Träumereien und falschen Idealismen besteht: Hätte ich doch nicht geheiratet! Hätte ich doch nicht diesen Beruf gewählt! Wäre ich doch gesünder oder jünger! Hätte ich doch mehr Zeit ...!

Das Heilmittel – anspruchsvoll wie alles, was Wert hat – besteht darin, die wahre *Mitte* des menschlichen Lebens ausfindig zu machen, das, was dem Ganzen Rang, Ordnung und Sinn zu verleihen vermag. Diese *Mitte* ist der Umgang mit Gott in einem echten Leben der Innerlichkeit. Wer in Christus lebt, wer sein ganzes Leben auf Ihn hin auszurichten vermag, begreift den Sinn der ihm anvertrauten Aufgabe; er findet ein menschliches und zugleich übernatürliches Ideal, und für sein Leben erschließen sich neue Perspektiven der Hoffnung. Dann bringen wir es fertig, nicht nur diesen oder jenen Teil unserer Tätigkeit aufzuopfern, sondern bereitwillig das ganze Leben hinzugeben und ihm so, paradoxerweise, seine tiefste Erfüllung zu verleihen.

Das Problem, das Sie im Hinblick auf die Frau aufwerfen, ist nicht auf sie allein beschränkt. Auch die Männer machen, wiewohl mit anderen Merkmalen, häufig die gleiche Erfahrung. Die Wurzel pflegt die gleiche zu sein: das Fehlen eines wahren Ideals, wie man es nur im Umgang mit Gott zu finden vermag.

Auf jeden Fall muß man auch kleine Hilfsmittel anwenden, die vielleicht banal erscheinen, es aber keineswegs sind. Wenn vie-

* Anm. d. Übers.: Der Begriff *mística ojalatera* enthält ein unübersetzbares Wortspiel. *Hojalata* heißt ,,Blech", und *ojalá* ist ein Seufzer, der mit ,,o wenn doch ..." oder ,,hätte ich doch ..." übersetzt werden könnte. Diese *Seufzermystik* ist also zugleich eine *Blechmystik*.

lerlei zu tun ist, ergibt sich die dringende Notwendigkeit zu planen und eine Ordnung festzulegen. Viele Schwierigkeiten erwachsen daraus, daß man es nie gelernt hat, sich einer festen Ordnung zu unterwerfen. Es gibt Frauen, die tausend Dinge unternehmen und gut zu Ende bringen, weil sie energisch genug sind, sich selbst einem Plan unterzuordnen und den vielfältigen Aufgaben, die auf sie zukommen, eine klare Rangordnung zu geben. Sie verstehen es, sich ganz der Arbeit zu widmen, die sie in diesem Augenblick zu tun haben, ohne bei dem Gedanken an das, was später kommt oder was vielleicht vorher hätte kommen müssen, aus der Fassung zu geraten. Andere Frauen dagegen verlieren angesichts der vielen Arbeit den Kopf, und vor lauter Kopflosigkeit bringen sie gar nichts zustande.

Sicherlich wird es immer Frauen geben, die sich ausschließlich ihrer Familie widmen, dieser großartigen, lohnenden Aufgabe, die einen wirklichen und wertvollen Beruf darstellt. Mit ihrer Tätigkeit üben sie oft eine erheblich weiterreichende Wirkung aus als viele andere Berufstätige, denn ihr positiver Einfluß umfaßt, außer der eigenen Familie, auch einen großen Kreis von Freunden, Bekannten und anderen Menschen, mit denen sie zu tun haben. Und wie groß ist erst der Einfluß jener Frauen, die darüber hinaus ihr Wissen und ihre Erfahrung – etwa im Rahmen einer Frauenbildungsstätte, wie sie zum Beispiel meine Töchter im Opus Dei überall auf der Welt unterhalten – in den Dienst von Hunderten von Menschen stellen. Dann werden sie zu Lehrmeisterinnen neuer Familien, und ihre Wirksamkeit ist größer als die vieler Universitätsprofessoren.

Wenn ich bei dem gleichen Thema bleiben darf: Aus Zuschriften an die Redaktion wissen wir von Müttern kinderreicher Familien, die sich darüber beklagen, daß ihre einzige Aufgabe im Leben darin zu bestehen scheint, Kinder zur Welt zu bringen. Sie fühlen sich unausgefüllt, weil sie sich darüber hinaus weder kulturellen Interessen noch beruflichen oder sozialen Tätigkeiten widmen können. Welchen Rat würden Sie in diesen Fällen geben?

Nun, was bedeutet „soziale Tätigkeit“ denn anderes, als mit Hingabe und Dienstbereitschaft für andere dazusein und wirk- 89 sam zum Wohle aller beizutragen? Das Wirken der Frau in ihrer Familie hat nicht nur in sich eine soziale Bedeutung, es kann ohne weiteres zu der Aufgabe werden, die die bedeutendste soziale Ausstrahlung überhaupt hat.

Stellen Sie sich eine kinderreiche Familie vor: Die Arbeit der Mutter ist durchaus vergleichbar mit der Arbeit berufsmäßiger Erzieher und Lehrer und übertrifft nicht selten deren Wirksamkeit. Ein Lehrer vermag vielleicht im Laufe seines ganzen Lebens eine gewisse Anzahl von Jungen und Mädchen mehr oder weniger gut auszubilden. Aber eine Mutter ist in der Lage, ihren Kindern in den wesentlichen Dingen des Lebens eine tiefgreifende Formung mitzugeben und sie selbst wiederum zu Erziehern zu machen, so daß sich eine ununterbrochene Kette von Verantwortlichkeit und Tugend ergibt.

Es besteht manchmal die Gefahr, sich bei solchen Überlegungen von rein quantitativen Gesichtspunkten verleiten zu lassen und die Arbeit eines Lehrers, der Tausende von Personen an sich vorbeiziehen sieht, oder eines Schriftstellers, der sich an viele tausend Leser richtet, für bedeutender zu halten. Nun, aber wie viele Personen formt dieser Lehrer oder Schriftsteller denn in Wirklichkeit? Eine Mutter trägt für drei, fünf, zehn oder mehr Kinder Sorge; aber aus ihnen kann sie ein wahres Meisterwerk machen, ein Wunderwerk der Erziehung, der Ausgeglichenheit, des mitmenschlichen Verstehens und der christlichen Lebensauffassung, so daß sie selbst glücklich werden und in der Lage sind, ihren Mitmenschen wirksam zu helfen.

Andererseits ist es selbstverständlich, daß die Kinder bei der Hausarbeit mithelfen. Eine Mutter, die ihre Kinder gut zu erziehen weiß, wird das ohne weiteres erreichen können, und auf diese Weise kann sie selbst über etwas Zeit verfügen, die es ihr, gut ausgenützt, erlaubt, sich auch ihren persönlichen Interessen zu widmen und ihre Fähigkeit und ihre Bildung zu erweitern. Zudem fehlen heute glücklicherweise nicht die technischen Mittel, die bekanntlich viel Arbeit ersparen, wenn man sie zweckmäßig anwendet und sie gut auszunutzen versteht. Wie in allem, so ist auch hier die persönliche Einstellung ausschlaggebend. Es gibt Frauen, die mit einer Waschmaschine neuesten Modells mehr Zeit zum Waschen benötigen und darüber hinaus noch schlechter waschen als mit der Hand. Ein Werkzeug ist eben nur dann nützlich, wenn man es auch richtig zu gebrauchen weiß.

Ich kenne viele verheiratete Frauen mit einer ansehnlichen Kinderzahl, die ihren Haushalt vorbildlich führen und darüber hinaus noch Zeit für die Mitarbeit in apostolischen Tätigkeiten finden; genau wie Aquilla und Priscilla, jenes Ehepaar der urchristlichen Gemeinde, die in ihrem Haus und ihrem Beruf arbeiteten und zugleich ausgezeichnete Mitarbeiter des heiligen Paulus waren. Mit ihrem Wort und ihrem Beispiel führten sie Apollo, der später ein großer Prediger der jungen Kirche wurde, zum Glauben an Christus. Wie gesagt, bei gutem Willen läßt sich zumindest ein Teil der von Ihnen angeführten Schwierigkeiten überwinden; denn in Wirklichkeit kann man, ohne irgendwelche Pflichten zu vernachlässigen, für vieles Zeit finden: Zeit, um den Haushalt mit berufsmäßiger Sorgfalt zu führen, um ständig für die Mitmenschen da zu sein, um die eigene Bildung und die Bildung anderer zu erweitern; mit einem Wort: Zeit, um die vielfältigsten Aufgaben wirksam zu erfüllen.

Sie erwähnten die Mitwirkung der Frau im öffentlichen und politischen Leben. Augenblicklich zeichnen sich in Spanien in dieser Hinsicht wichtige Entwicklungen ab. Worin besteht Ihrer Meinung nach die spezifische Aufgabe, die die Frau auf diesem Gebiet erfüllen sollte?

Die Mitwirkung der Frau im öffentlichen Leben, das ja ein 90
Teil jenes weiteren Wirkungsfeldes ist, das ich vorher erwähnte, ist eine durchaus folgerichtige und positive Erscheinung. Eine moderne, demokratische Gesellschaft muß der Frau das Recht zugestehen, aktiv am politischen Leben teilzunehmen, und muß die notwendigen Bedingungen schaffen, damit alle, die es wollen, dieses Recht auch tatsächlich ausüben können.

Die Frau, die sich aktiv der Leitung öffentlicher Aufgaben widmen will, hat die Pflicht, sich zuerst gebührend vorzubereiten, damit ihr Wirken von Verantwortung getragen ist und dem Gemeinwohl zu dienen vermag. Jede Berufstätigkeit erfordert eine gründliche Ausbildung und dann eine ständige Weiterbildung, um sich den neuen Umständen anzupassen, und diese Forderung verpflichtet insbesondere all diejenigen, die eine leitende Stellung in der Gesellschaft anstreben, denn sie haben einen wichtigen Dienst zu leisten, von dem das Wohlergehen aller abhängt.

Einer Frau mit der entsprechenden Vorbildung sollten auf jeder Ebene des öffentlichen Lebens alle Möglichkeiten offenstehen. In diesem Sinn kann man daher nicht von spezifischen Aufgaben sprechen, die allein der Frau zukämen. Wie ich vorhin bereits sagte, bezieht sich die spezifische Rolle der Frau nicht so sehr auf besondere Aufgaben und Stellungen, als vielmehr auf die Art und Weise, wie diese wahrgenommen werden, auf die Nuancen, die das frauliche Empfinden bei der Lösung der anstehenden Probleme zu finden vermag, sowie auf das Gespür für neue Probleme und neue Fragestellungen.

Aufgrund ihrer natürlichen Anlagen kann die Frau das öffentliche Leben sehr bereichern. Das ist ohne weiteres einsichtig, wenn wir uns etwa dem weiten Feld der Familien- und Sozialgesetzgebung zuwenden. Die spezifischen Fähigkeiten der Frau sind die beste Garantie dafür, daß bei allen Entscheidungen, die auf irgendeine Weise in Familien-, Erziehungs- oder Jugendfragen hineinreichen, die echten menschlichen und christlichen Werte respektiert werden.

Wenn ich soeben die Bedeutung der christlichen Werte für die Lösung sozialer und familiärer Probleme erwähnte, so möchte ich die Gelegenheit benutzen, um an die Bedeutung dieser Werte für das ganze öffentliche Leben zu erinnern. Ebenso wie dem Mann gibt der christliche Glaube auch der Frau, die sich politisch betätigen will, die Verantwortung auf, wirkliches Apostolat auszuüben, das heißt, der ganzen Gesellschaft einen echt christlichen Dienst zu leisten. Das bedeutet jedoch keineswegs, im politischen Leben offiziell oder offiziös die Kirche zu repräsentieren und schon gar nicht, sich der Kirche für die Interessen der eigenen Karriere oder Partei zu bedienen. Im Gegenteil: es kommt darauf an, sich in allen zeitlichen Fragen mit christlicher Freiheit und in Übereinstimmung mit der persönlichen Glaubensüberzeugung eine eigenständige Meinung zu bilden und die volle persönliche Verantwortung für das eigene Denken und Handeln zu übernehmen.

Während der Messe, die Sie im vergangenen Oktober aus Anlaß der Versammlung der Freunde der Universität von Navarra in Pamplona feierten, sprachen Sie in eindrucksvollen Worten von der menschlichen Liebe. Könnten Sie uns sagen, worin Sie die wichtigsten Werte der christlichen Ehe erblicken?

Hier kommen wir auf ein Thema zu sprechen, das mir aus der langjährigen priesterlichen Arbeit in vielen Ländern wohlvertraut ist. Der größte Teil der Mitglieder des Opus Dei ist verheiratet, und für sie bilden die menschliche Liebe und die Pflichten der Ehe einen Bestandteil ihrer göttlichen Berufung. Im Opus Dei ist die Ehe zu einem göttlichen Weg, zu einer Berufung geworden, und daraus erwachsen zahllose Folgen für die persönliche Heiligung und das apostolische Wirken. Seit fast vierzig Jahren spreche ich nun vom Sinn der Ehe als Berufung; und wie oft habe ich die Augen von Männern und Frauen aufleuchten sehen, als sie mich sagen hörten, die Ehe sei ein göttlicher Weg auf Erden, während sie bisher geglaubt hatten, ein Leben der Hingabe an Gott sei mit ihrer reinen, lauteren menschlichen Liebe nicht zu vereinbaren. 91

Die Ehe hat den Sinn, daß die Eheleute sich in ihr und durch sie heiligen, und das von Christus eingesetzte Sakrament verleiht ihnen dazu eine ganz besondere Gnade. Wer zur Ehe berufen ist, findet mit der Gnade Gottes in diesem Stand alles Erforderliche, um heilig zu werden, um sich Tag für Tag mehr mit Christus zu vereinigen und die Menschen, mit denen er zusammenlebt, Christus näherzubringen.

Deshalb erfüllt mich der Gedanke an die christlichen Familien, die aus dem Ehesakrament erwachsen und ein herrliches Zeugnis für das große göttliche Mysterium – *sacramentum magnum!* (Eph 5, 32) – der Einheit und Liebe zwischen Christus und seiner Kirche sind, mit tiefer Hoffnung und Freude. Wir alle sollten darauf hinwirken, daß diese christlichen Keimzellen der Gesellschaft mit dem Verlangen nach Heiligkeit entstehen und wachsen und die Eheleute sich bewußt sind, daß ihnen, wie allen Christen, schon von Anfang an im Sakrament der Taufe ein göttlicher Auftrag verliehen wurde, den ein jeder auf dem ihm eigenen Weg erfüllen muß.

Die christlichen Eheleute müssen davon überzeugt sein, daß sie dazu berufen sind, sich zu heiligen, indem sie anderen helfen, heilig zu werden, daß sie berufen sind, Apostel zu sein, und daß die eigene Familie ihre wichtigste apostolische Aufgabe darstellt. Sie sollten die übernatürliche Bedeutung sehen lernen, die die

Gründung einer Familie, die Erziehung der Kinder und der christliche Einfluß auf die Gesellschaft besitzen. Von diesem Bewußtsein des eigenen Auftrags hängt zum großen Teil die Wirksamkeit und der Erfolg ihres Lebens, mit einem Wort: ihr Glück ab.

Andererseits sollten sie niemals vergessen, daß das Geheimnis des ehelichen Glücks im Alltäglichen zu finden ist und nicht in Träumereien. Es liegt in der verborgenen Freude, die es macht, nach Hause zu kommen; es liegt im liebevollen Umgang mit den Kindern, in der alltäglichen Arbeit, bei der die ganze Familie mithilft; in der gelassenen Art, Schwierigkeiten zu begegnen und sie mit sportlicher Haltung zu überwinden; und schließlich liegt es auch in einem rechten Ausnützen der Errungenschaften, die uns die moderne Technik bietet, um die Wohnung angenehmer und das Leben einfacher zu machen und uns eine umfassendere Bildung zu verschaffen.

Ich versäume keine Gelegenheit, um denen, die Gott zur Gründung einer Familie berufen hat, zu sagen, daß sie stets versuchen sollen, sich mit der gleichen freudigen Liebe zu begegnen, die sie als Brautleute zueinander hegten. Welch armselige Auffassung von der Ehe, die doch ein Sakrament, ein Ideal und eine Berufung ist, hat derjenige, der meint, die Liebe habe aufgehört, wenn die Sorgen und Schwierigkeiten beginnen, die das Leben stets mit sich bringt. Gerade dann festigt sich die Liebe. Selbst großes Leid und große Widrigkeiten können die wirkliche Liebe nicht zum Erlöschen bringen; im Gegenteil: das gemeinsame, großzügig getragene Opfer verbindet nur noch enger. In der Heiligen Schrift lesen wir: *Aquae multae* – selbst viele Schwierigkeiten, physischer und moralischer Art, – *non potuerunt extinguere caritatem,* können die Liebe nicht auslöschen (Hl 8, 7).

Es ist bekannt, daß Sie die Ehe nicht erst jetzt als Weg zur Heiligkeit bezeichnen. Schon 1934 betonten Sie in Ihrem Buch *Consideraciones espirituales,* daß die Ehe als Berufung verstanden werden müsse. Aber andererseits schreiben Sie in diesem Buch, sowie auch später im *Weg,* die Ehe sei nur für den „Großteil des Heeres Christi bestimmt, nicht aber für seinen Führungsstab". Können Sie uns erklären, wie diese beiden Aspekte miteinander zu vereinbaren sind?

In der Spiritualität und im Leben des Opus Dei hat es niemals Schwierigkeit bereitet, diese beiden Aspekte miteinander in Einklang zu bringen. Aber unabhängig davon ist es gut, sich daran zu erinnern, daß der Vorrang der aus übernatürlichen Gründen gelebten Ehelosigkeit Glaubenslehre der Kirche und nicht etwa meine private theologische Meinung ist. 92

Als ich in den dreißiger Jahren jene Worte schrieb, neigte man im katholischen Raum, und zwar besonders in der praktischen Seelsorge, dazu, die Jugendlichen zum Streben nach der christlichen Vollkommenheit zu bewegen, indem man sie ausschließlich den übernatürlichen Wert der Jungfräulichkeit schätzen lehrte, den Wert der christlichen Ehe als anderen möglichen Weg zur Heiligkeit jedoch unbeachtet ließ.

Normalerweise wurden die Jugendlichen in der Schule nicht so erzogen, daß sie in der Lage gewesen wären, die Ehe ihrer echten Würde entsprechend zu schätzen. Selbst heute noch werden in Exerzitien für die Abschlußklassen der Höheren Schule den Schülern häufig mehr Argumente für die Möglichkeit einer Berufung zum Ordensleben gegeben als für die mögliche Berufung zur Ehe. Und es gibt sogar, wenn auch in ständig geringerer Zahl, noch Leute, die das eheliche Leben im Grunde geringschätzen und es den Jugendlichen als von der Kirche lediglich toleriert hinstellen; so als ob die Gründung einer Familie es nicht zuließe, ernsthaft nach Heiligkeit zu streben.

Im Opus Dei hat es so etwas nie gegeben. Wir haben immer die Ehe als einen *göttlichen Weg* auf Erden dargestellt und gleichzeitig klar vom erhabenen Sinn der apostolischen Ehelosigkeit gesprochen.

Mich schreckt die menschliche Liebe nicht, jene heilige Liebe, der sich Gott bedient hat, um mir das Leben zu schenken; ich segne sie mit beiden Händen. Die Eheleute sind nicht nur die Spender, sondern zugleich sind sie selbst auch die Materie des Ehesakramentes, genauso wie Wein und Brot die Materie der Eucharistie sind. Das ist der Grund, warum ich alle Lieder so gern habe, die die lautere menschliche Liebe besingen; für mich haben diese *menschlichen Liebeslieder ein göttliches Echo.* Und gleichzeitig wiederhole ich immer wieder, daß diejenigen, die ihrer Berufung entsprechend den Weg der apostolischen Ehelosigkeit einschlagen, keine *Junggesellen* sind, unfähig, die Liebe zu begreifen und ihren Wert zu erkennen. Ihr Leben erklärt sich im Gegenteil ganz allein aus der Tatsache jener göttlichen Liebe (mir gefällt es, dieses Wort mit ganz großen Buchstaben zu schreiben), die das eigentliche Wesen jeder christlichen Berufung ausmacht.

Es ist keineswegs miteinander unvereinbar, die eheliche Berufung hoch einzuschätzen und gleichzeitig den Vorrang der Berufung zur Ehelosigkeit *propter regnum coelorum* (Mt 19, 12), um des Himmelreiches willen, zu bejahen. Ich bin davon überzeugt, daß jeder Christ die Vereinbarkeit beider Aspekte gut versteht, wenn er sich bemüht, sowohl die Lehre der Kirche als auch seine eigene, persönliche Berufung kennenzulernen, anzunehmen und zu lieben, mit anderen Worten: wenn er glaubt und aus dem Glauben lebt.

Mit den Worten, die Ehe sei für den „Großteil des Heeres Christi", habe ich lediglich *die ständige Praxis der Kirche* beschrieben. Bekanntlich werden die Bischöfe, die das Bischofskollegium bilden und zusammen mit seinem Haupt, dem Papst, die Kirche leiten, unter denen ausgewählt, die im Stand der Ehelosigkeit leben. Dasselbe geschieht übrigens auch in den orientalischen Kirchen, obwohl man dort den verheirateten Priester kennt. Abgesehen davon ist es unschwer zu begreifen und zu beweisen, daß die im Stand der Ehelosigkeit lebenden Menschen faktisch über eine größere Herzens- und Bewegungsfreiheit verfügen, um sich, auch im Laienapostolat, fest und dauernd der Leitung und Unterhaltung apostolischer Aufgaben zu widmen. Das soll nicht heißen, daß die übrigen Laien nicht ebenfalls ein großartiges und höchst wirksames Apostolat ausüben könnten; es bedeutet nur, daß es verschiedene Aufgaben und Dienste an Stellen verschiedener Verantwortung gibt.

In einem Heer – und nur das möchte dieser Vergleich sagen – ist die Truppe so nötig wie der Generalstab, und es kann ohne weiteres sein, daß die Truppe heroischer kämpft und mehr Ruhm verdient. Kurz: die Aufgaben sind verschieden, aber jede Aufgabe ist wichtig und wertvoll. Worauf es vor allem ankommt, ist, daß jeder seiner eigenen Berufung entspricht; denn die Vollkommenheit besteht für alle Menschen immer und ausschließlich darin, den Willen Gottes zu erfüllen.

Ein Christ, der in der Ehe nach Heiligkeit strebt und sich der Größe seiner eigenen Berufung bewußt ist, wird gerade deshalb eine spontane Hochachtung für diejenigen empfinden, die zur apostolischen Ehelosigkeit berufen sind; und er freut sich aufrichtig, wenn einmal eines seiner Kinder in der Gnade Gottes diesen Weg gehen möchte. Das ist nur ein Grund mehr, um seine eigene Berufung zur Ehe noch tiefer zu lieben, denn sie hat es ihm ermöglicht, die Früchte seiner Liebe Christus zu schenken, der die große Liebe aller ist, der Verheirateten wie der Unverheirateten.

Viele Eheleute stehen ratlos vor der Frage nach der Zahl der Kinder, nicht zuletzt wegen der Ratschläge, die sie auch von manchen Priestern bekommen. Was würden Sie den Eheleuten in dieser Verwirrung raten?

Wer in diesen Fragen das Gewissen anderer Menschen verwirrt, vergißt, daß das Leben heilig ist; er zieht sich jenen harten Vorwurf zu, den Christus den blinden Führern von Blinden sowie denen macht, die selbst nicht in das Himmelreich eintreten wollen und den anderen den Weg versperren. Ich urteile nicht über ihre Absicht, ja ich bin davon überzeugt, daß viele, die solche Ratschläge erteilen, vom Mitgefühl und von dem Wunsch geleitet sind, schwierige Situationen zu bereinigen. Aber ich kann nicht verschweigen, daß die zerstörerische, in vielen Fällen diabolische Arbeit jener, die nicht nur keine gute Lehre verkünden, sondern sie darüber hinaus verderben, mich schmerzlich trifft. 93

Wenn die Eheleute solche Ratschläge und Empfehlungen hören, sollten sie nicht vergessen, daß es einzig und allein darauf ankommt zu erkennen, was Gott von ihnen will. Wo es Aufrichtigkeit, rechte Absicht und ein Mindestmaß an christlicher Bildung gibt, vermag das Gewissen den Willen Gottes zu entdekken, in diesem Bereich wie in jedem anderen. Es kann aber auch vorkommen, daß man gerade den Rat sucht, der dem eigenen Egoismus Vorschub leistet, und unter dem Deckmantel einer „Autorität" die innere Stimme des eigenen Gewissens zum Schweigen bringt. Und unter Umständen wird dann so lange immer wieder der Ratgeber gewechselt, bis man schließlich den

„wohlwollendsten“ gefunden hat. Von anderem einmal abgesehen, ist das zumindest eine pharisäische Haltung, die eines Kindes Gottes unwürdig ist.

Der Rat eines anderen Christen und besonders – was die Fragen der Moral und des Glaubens angeht – der Rat eines Priesters ist sicherlich eine wesentliche Hilfe, um zu erkennen, was Gott in einer bestimmten Situation von uns will. Aber ein Ratschlag schaltet niemals die persönliche Verantwortung aus; die Entscheidung liegt letztlich bei jedem einzelnen von uns, und wir selbst haben sie persönlich vor Gott zu verantworten.

Über allen privaten Ratschlägen steht das Gesetz Gottes, das in der Heiligen Schrift enthalten ist und vom Lehramt der Kirche unter dem Beistand des Heiligen Geistes bewahrt und verkündet wird. Widerspricht ein persönlicher Rat dem Wort Gottes, so wie es uns die Kirche lehrt, sind wir gehalten, jener irrigen Auffassung entschieden den Rücken zu kehren. Demjenigen, der mit solch lauterer Absicht handelt, wird Gott mit seiner Gnade helfen. Er wird ihm zu erkennen geben, was zu tun ist, und wenn nötig, wird er ihn einen Priester finden lassen, der es versteht, ihn zu geraden und lauteren Wegen zu führen, auch wenn diese Wege nicht selten mühseliger zu gehen sind.

Eine geistliche Leitung darf nicht darauf hinauslaufen, Menschen ohne eigenes Urteilsvermögen heranzubilden, die sich darauf beschränken auszuführen, was andere ihnen sagen. Im Gegenteil: der Sinn der geistlichen Leitung besteht gerade darin, die eigene Urteilsfähigkeit zu stärken; und ein eigenes, unabhängiges Urteil setzt charakterliche Reife, ausreichende Kenntnis der christlichen Lehre, Feinfühligkeit und Willensstärke voraus.

Es ist wichtig, daß die Eheleute die Würde ihrer Berufung klar erkennen und sich bewußt machen, daß sie von Gott dazu berufen sind, gerade durch die menschliche Liebe zu Seiner Liebe, der Liebe schlechthin, zu gelangen; daß er sie von Ewigkeit her auserwählt hat, durch die Zeugung und die Erziehung ihrer Kinder an der göttlichen Schöpfermacht teilzunehmen; und daß der Herr von ihnen erwartet, daß ihr Haus und ihr ganzes Familienleben zum Zeugnis christlicher Tugenden werden. Die Ehe – ich werde nicht müde, es zu wiederholen – ist ein herrlicher, großartiger Weg zu Gott. Und wie alles Göttliche in uns besitzt auch sie ihre konkreten Ausdrucksformen der Mitwirkung mit der Gnade, der Großherzigkeit, der Hingabe und der Dienstbereitschaft. Die göttliche Liebe, die unser Leben bestimmen muß, ist unvereinbar mit dem Egoismus in all seinen Spielarten. Diese grundlegende Erkenntnis muß man sich bei allen Fragen der Ehe klar vor Augen halten, auch bei der Frage nach der Kinderzahl.

Manche Frauen scheuen sich, ihren Verwandten und Freunden die Geburt eines weiteren Kindes mitzuteilen, weil sie schon mehrere Kinder haben. Sie fürchten die Kritik derer, die glauben, daß in der Zeit der „Pille" die kinderreiche Familie altmodisch geworden ist. In der Tat kann es unter den gegenwärtigen Umständen schwer sein, eine Familie mit vielen Kindern zu unterhalten. Wie sehen Sie dieses Problem?

Mein herzlicher Segen gilt den Eltern, die die ihnen von Gott 94
anvertraute Aufgabe freudig entgegennehmen und viele Kinder haben. Ich möchte die Eheleute davon überzeugen, daß sie die Quellen des Lebens nicht versiegen lassen dürfen, sondern mutig und mit übernatürlicher Sicht eine zahlreiche Familie bilden, wenn Gott es so gibt. Wenn ich für die kinderreiche Familie eintrete, meine ich damit nicht den Kinderreichtum als bloße Folge physiologischer Beziehungen, sondern die kinderreiche Familie als Konsequenz wahrhaft gelebter christlicher Tugend. Ich meine die Familie, die einen hohen Sinn von der Würde der Person besitzt und begreift, daß die Aufgabe, Gott Kinder zu schenken, nicht nur darin besteht, sie zu zeugen und zur Welt zu bringen, sondern auch eine langwierige Erziehungsarbeit erfordert. Das physische Leben steht zwar am Anfang, ist aber keineswegs alles.

Es kann konkrete Fälle geben, in denen der Wille Gottes, der sich in den alltäglichen Dingen äußert, gerade darin besteht, daß die Familie klein bleibt. Aber die Theorien, die aus der Geburtenbeschränkung ein Ideal oder eine allgemeine Pflicht zu machen suchen, sind verbrecherisch, antichristlich und unvereinbar mit der Personenwürde des Menschen.

Es hieße die christliche Lehre verfälschen und pervertieren, würde man sich auf einen angeblich nachkonziliaren Geist stützen, um die kinderreiche Familie anzugreifen. Das Zweite Vatikanische Konzil hat ausdrücklich gelehrt, daß *unter den Eheleu-*

ten, die die ihnen von Gott anvertraute Aufgabe erfüllen, besonders die hervorzuheben sind, die großherzig und in wohlüberlegtem Einverständnis eine große Kinderzahl annehmen, um sie angemessen zu erziehen (Pastoralkonstitution *Gaudium et Spes*, Nr. 50). Und Papst Paul VI. sagte zum gleichen Thema in einer Ansprache vom 12. Februar 1966: *Das kürzlich abgeschlossene Zweite Vatikanische Konzil hat in allen christlichen Eheleuten von neuem den Geist der Großherzigkeit wecken wollen, um das neue Volk Gottes auszubreiten … Sie mögen immer daran denken, daß die Ausbreitung des Reiches Gottes und die Möglichkeit der Kirche, die Menschheit zu durchdringen und ihr die ewige und irdische Rettung zu bringen, auch ihrer Großzügigkeit anvertraut ist.*

Das Entscheidende ist nicht die Zahl der Kinder allein; viele oder wenige Kinder sind noch kein Maßstab für die Christlichkeit einer Familie. Das Ausschlaggebende ist vielmehr die Lauterkeit des ehelichen Lebens. Eine Liebe, die wirklich gegenseitig ist, reicht über die Gemeinschaft der Ehegatten hinaus und umfaßt auch die natürliche Frucht dieser Gemeinschaft: die Kinder. Der Egoismus hingegen würdigt diese Liebe zu einer bloßen Befriedigung der Triebe herab und zerstört das Band, das Eltern und Kinder eint. Schwerlich wird sich jemand als echtes Kind seiner Eltern fühlen, wenn er Grund hat zu denken, daß er gegen ihren Willen zur Welt gekommen ist, daß er sein Dasein nicht einer lauteren Liebe, sondern einer Unvorsichtigkeit oder einem Rechenfehler zu verdanken hat.

Die Zahl der Kinder ist nicht allein das Entscheidende, sagte ich. Aber andererseits steht es für mich außer Zweifel, daß die Angriffe, die sich gegen die kinderreiche Familie richten, ihren Ursprung in einem allzu schwachen Glauben haben. Sie sind das Produkt eines Milieus, das unfähig ist, die Großzügigkeit zu begreifen, und das den Egoismus und seine oft mehr als widerlichen Praktiken hinter scheinbar altruistischen Motiven zu verbergen sucht. Paradoxerweise sind es gerade die Länder mit dem höchsten Lebensstandard, in denen man am meisten für die Geburtenkontrolle wirbt und sich darum bemüht, diese Praxis auch auf andere Länder auszudehnen. Vielleicht wären ihre wirtschaftlichen und sozialen Argumente erwägenswert, wenn diese gleichen Argumente sie dazu führen würden, zugunsten bedürftiger Menschen auf einen Teil ihres Überflusses zu verzichten.

Solange das nicht geschieht, fällt es schwer, den Gedanken abzuweisen, daß ihre Beweisführung nicht zuletzt vom Hedonismus, von ehrgeiziger Machtpolitik und demographischem Neokolonialismus bestimmt ist.

Ich übersehe weder die großen Probleme, die die ganze Menschheit bedrängen, noch die konkreten Schwierigkeiten, auf die einzelne Familien stoßen. Das alles beschäftigt mich ständig und geht mir als Christ und Priester sehr zu Herzen. Aber all das berechtigt nicht dazu, die Lösung auf Abwegen zu suchen.

Ich verstehe nicht, wie es Katholiken, und noch weniger, wie 95
es Priester geben kann, die sich seit Jahren mit großer Unbekümmertheit und ruhigem Gewissen über die päpstlichen Lehräußerungen hinwegsetzen und den Gebrauch der Pille als Mittel zur Empfängnisverhütung anraten. Auch kann man nicht einfach sagen, wie es zum Teil mit unglaublicher Leichtfertigkeit geschieht, daß der Papst, wenn er nicht *ex cathedra* spricht, nichts als eine private, dem Irrtum ausgesetzte Meinung vertritt. Es ist schon ein ganz beträchtliches Maß an Arroganz nötig, um zu sagen, daß der Papst sich irrt, ich aber mit meiner Meinung die Wahrheit gefunden habe.

Darüber hinaus vergessen sie, daß der Papst nicht nur Lehrer ist – unfehlbar, wenn er es ausdrücklich sagt –, sondern außerdem auch der oberste Gesetzgeber der Kirche. Und im vorliegenden Fall hat der gegenwärtige Papst Paul VI. unmißverständlich angeordnet, daß alle von Pius XII. in dieser schwierigen Angelegenheit erlassenen Anordnungen weiterhin absolut verbindlich sind. Pius XII. hat aber bekanntlich nur die Anwendung einiger natürlicher Verfahren, nicht jedoch die Pille erlaubt, um die Empfängnis in vereinzelten, schwerwiegenden Fällen zu vermeiden. Das Gegenteil zu raten ist folglich dem Papst gegenüber ein schwerer Ungehorsam in einer schwerwiegenden Sache.

Der Gebrauch dieses oder jenes empfängnisverhütenden Mittels bringt gleichermaßen traurige Auswirkungen jeder Art mit sich. Er führt zur Zerrüttung der ehelichen Liebe, da Mann und Frau sich nicht mehr als Gatten, sondern als Komplizen verstehen, zu Unerfülltsein und Untreue, zur Störung des seelischen und geistigen Gleichgewichts, zu zahlreichen Nachteilen für die Kinder und schließlich zum Verlust des ehelichen Friedens ... Über dieses Thema könnte ich Bände schreiben. Aber ich halte es nicht für notwendig und ziehe es vor, mich darauf zu beschränken, dem Papst zu gehorchen. Würde der Papst einmal den Gebrauch einer bestimmten Medizin zur Empfängnisverhütung für erlaubt erklären, würde ich mich genauso an das halten, was der Papst sagt. Ich würde, nachdem ich in jedem Einzelfall die unbezweifelbaren Gefahren abgewogen habe, die ich soeben erwähnte, den päpstlichen Normen und der Moraltheologie entsprechend denjenigen Rat erteilen, den ich in meinem Gewissen in diesem konkreten Fall für richtig halte.

Zudem werde ich mir immer vor Augen halten, daß die Zukunft unserer heutigen Welt nicht in Händen derer liegt, die das Leben des Geistes einschläfern wollen und alles auf Probleme der Wirtschaft und des materiellen Wohlstands zu reduzieren suchen, sondern in Händen derer, die wissen, daß die ethische Norm auf das ewige Ziel des Menschen hingeordnet ist; in Händen derer, die an Gott glauben, den Anforderungen dieses Glaubens großzügig entsprechen und so ihrer Umwelt den über das Irdische hinausweisenden Sinn unseres Lebens begreifen lehren.

Gerade diese Gewißheit darf uns nicht zur Weltflucht verleiten, sondern muß uns helfen, dafür zu kämpfen, daß alle Menschen über einen Arbeitsplatz und die notwendigen materiellen Mittel verfügen und niemand in seinem sozialen und familiären Leben ungerechte Einschränkungen erleidet.

Die eheliche Unfruchtbarkeit und die damit verbundene Enttäuschung ist nicht selten die Ursache von Zwiespalt und gegenseitigem Unverständnis. Welchen Sinn sollte Ihrer Meinung nach ein christliches Ehepaar seiner Ehe geben, wenn es kinderlos bleibt?

96 An erster Stelle würde ich den Eheleuten sagen, daß sie sich nicht allzu leicht geschlagen geben dürfen. Sie sollten Gott darum bitten, daß er ihnen Nachkommen gibt, daß er sie segnet, wenn es sein Wille ist, wie er die Patriarchen des Alten Testamentes gesegnet hat; und abgesehen davon sollten beide Gatten einen guten Arzt aufsuchen. Wenn Gott ihnen trotz allem keine Kinder gibt, dürfen sie deshalb ihre Ehe nicht als inhaltslos ansehen, sondern müssen sich bemühen, auch hierin den Willen Gottes für sie zu entdecken. Manchmal schenkt Gott keine Kinder, weil er *mehr verlangt,* das heißt, weil er verlangt, daß wir ohne

die lautere menschliche Freude, Kinder zu haben, die gleiche Anstrengung aufwenden und uns mit der gleichen feinfühligen Hingabe dem Dienst am Nächsten widmen. Es gibt keinen Grund für die Gatten, sich als gescheitert anzusehen und der Niedergeschlagenheit Raum zu geben.

Wenn die Ehegatten inneres Leben besitzen, werden sie begreifen, daß Gott sie gleichermaßen drängt, ihr Leben in ein großmütiges christliches Dienen, in ein apostolisches Wirken zu verwandeln, das zwar anders ist als die Arbeit für die eigenen Kinder, aber deswegen nicht weniger großartig. In ihrer Umgebung werden sie leicht Menschen finden, die ihre Herzlichkeit, Hilfe und Liebe brauchen. Außerdem gibt es vielerlei apostolische Tätigkeiten, bei denen sie mitwirken können. Und wenn sie es wirklich verstehen, ihr Herz in eine solche Aufgabe hineinzulegen, sich selbst zu vergessen und großzügig anderen zu dienen, werden sie eine herrliche Wirksamkeit erreichen, und diese geistige Elternschaft wird sie mit tiefer Genugtuung erfüllen.

Die konkreten Lösungen werden von Fall zu Fall verschieden sein, im Grunde aber lassen sie sich alle auf die Bereitschaft zum Dienen und auf die Nächstenliebe zurückführen; und Gott wird denjenigen, der sich in großzügiger Demut selbst zu vergessen weiß, immer mit einer tiefen Freude belohnen.

Es gibt Ehen, in denen die Frau aus verschiedensten Gründen von ihrem Mann getrennt lebt und sich in einer entwürdigenden, untragbaren Lage befindet. In einer solchen Situation fällt es schwer, die Unauflöslichkeit der Ehe zu akzeptieren, und die von ihrem Mann getrennt lebenden Frauen beklagen sich darüber, daß man ihnen die Möglichkeit versagt, eine neue Familie zu gründen. Was würden Sie angesichts solcher Situationen zur Antwort geben?

Bei vollem Verständnis für ihren Schmerz würde ich diesen 97
Frauen sagen, daß sie versuchen müssen, auch in dieser Situation den Willen Gottes zu entdecken. Gott liebt uns wie unser Vater, und sein Wille ist niemals grausam. Es kann sein, daß die Lage eine Zeitlang besonders schwierig ist, aber wenn sie sich an den Herrn und seine heilige Mutter wenden, wird ihnen die Hilfe der Gnade nicht fehlen.

Die Unauflöslichkeit der Ehe ist keine Laune der Kirche und nicht einmal nur ein rein positives kirchliches Gesetz. Es handelt sich um ein Naturgesetz göttlichen Rechts, das vollkommen den Anforderungen unserer Natur und der übernatürlichen Gnadenordnung entspricht. So erklärt es sich, daß die Unauflöslichkeit der Ehe in der weit überwiegenden Mehrzahl der Fälle eine unabdingbare Voraussetzung für das Glück der Eheleute und das Wohl der Kinder darstellt. Immer jedoch, auch in den schmerzlichen Fällen, von denen wir sprechen, schenkt die bedingungslose Annahme des Willens Gottes eine tiefe, durch nichts zu ersetzende Genugtuung. Das ist weder eine Ausflucht noch ein billiger Trost, sondern der Wesenskern christlichen Lebens.

Wenn die getrennt lebende Frau Kinder zu versorgen hat, muß sie gerade darin einen ständigen Aufruf zu liebender, mütterlicher Hingabe sehen, die ja jetzt ganz besonders notwendig ist, um den Kindern das Fehlen eines ungeteilten Zuhause zu ersetzen. Und ihre Großzügigkeit muß ihr verstehen helfen, daß gerade jene Unauflöslichkeit der Ehe, die für sie ein großes Opfer bedeutet, für die meisten Familien ein Schutz ihrer Einheit ist, die Liebe der Eheleute stärkt und die Geborgenheit der Kinder sichert.

Diese Verwunderung über die augenscheinliche Härte des christlichen Gebots der Unauflöslichkeit der Ehe ist nicht neu, denn schon die Apostel wunderten sich, als Christus es erneut bestätigte. Es kann sein, daß dieses Gebot als Bürde und Last erscheint, aber Christus selbst hat uns gelehrt, daß sein Joch sanft und seine Bürde leicht ist.

Bei allem Verständnis für die unvermeidliche Härte vieler Situationen – Situationen, die man nicht selten hätte vermeiden können und vermeiden müssen – sollte man sie andererseits nicht zu sehr dramatisieren. Ist das Leben der Frau in einer solchen Lage denn wirklich soviel härter als etwa das Leben einer Frau, die schlecht behandelt wird, oder das Leben derer, die irgendein anderes schweres körperliches oder seelisches Leid zu tragen haben?

Das, was einen Menschen, ja eine ganze Gesellschaft unglücklich zu machen vermag, ist die unersättliche Wohlstandssucht und die Unbedingtheit, mit der man alles, was eine Bürde zu sein scheint, zu beseitigen sucht. Das Leben bietet eine tausendfach wechselnde Vielfalt von Situationen. Einige kommen uns hart vor und andere scheinen uns – wenn vielleicht auch nur im ersten Augenblick – leicht zu sein. Aber jede einzelne Situation besitzt ihre eigene Gnadenhaftigkeit; sie ist ein konkreter Anruf Gottes, eine unwiederholbare Gelegenheit zu handeln und ein Zeugnis der Liebe Gottes zu geben. Wer die drückende Last einer schwierigen Situation zu tragen hat, sollte sich gerade deshalb darum bemühen, die eigenen Probleme ein wenig mehr in den Hintergrund zu stellen und sich der Probleme anderer Menschen anzunehmen. Das wird ihm Frieden geben und ihn vor allem näher zu Gott führen.

Ein beständiger häuslicher Friede gehört zu den wesentlichen Gütern der Familie. Unglücklicherweise kommt es aber nicht selten vor, daß sich eine Familie verschiedener politischer oder sozialer Ansichten wegen entzweit. Wie kann man diese Konflikte Ihrer Meinung nach überwinden?

Hier gibt es nur eine einzige Antwort: miteinander auskom- 98
men, einander verstehen, einander verzeihen. Die Tatsache, daß irgend jemand anders denkt als ich, gibt mir keineswegs das Recht, ihm gegenüber eine feindselige oder auch nur eine kalte und gleichgültige Haltung einzunehmen; und das schon gar nicht, wenn es sich um Dinge handelt, über die man sehr wohl verschiedener Meinung sein kann. Mein christlicher Glaube fordert von mir, die Nächstenliebe allen Menschen gegenüber zu leben, auch gegenüber denen, die nicht die Gnade haben, an Christus zu glauben. Um wieviel mehr muß die Nächstenliebe dann in den Meinungsverschiedenheiten über relative Fragen das Verhältnis zwischen Menschen bestimmen, die das gleiche Blut und die gleiche Glaubensüberzeugung eint. Darüber hinaus ist der liebevolle Umgang miteinander ein gutes Mittel, um in diesen Fragen, in denen keiner behaupten kann, allein die ganze Wahrheit zu besitzen, von den anderen zu lernen, und außerdem können immer auch die anderen, wenn sie wollen, von denen etwas lernen, mit denen sie zusammenleben.

Weder vom christlichen noch vom allgemein menschlichen Standpunkt aus ist es zu verstehen, daß eine Familie sich wegen solcher Meinungsverschiedenheiten entzweit. Wenn man wirklich den hohen Wert der Freiheit ganz begriffen hat und dieses Geschenk Gottes leidenschaftlich liebt, dann *liebt man auch den Pluralismus, den die Freiheit mit sich bringt.*

Als Beispiel kann ich vielleicht erwähnen, wie diese Haltung im Opus Dei gelebt wird, das ja eine große, durch dasselbe geistliche Ziel geeinte Familie darstellt. In allem, was nicht Glaubensgegenstand ist, denkt und handelt jeder im Werk, wie er will, in vollkommener persönlicher Freiheit und Eigenverantwortung. Der Pluralismus, der sich logisch und soziologisch aus dieser Haltung ergibt, ist für das Werk nicht nur kein Problem, sondern ein Ausdruck guten Geistes. Gerade weil der Pluralismus nicht gefürchtet, sondern als eine legitime Folge der persönlichen Freiheit geliebt wird, sind die verschiedenen Meinungen unter den Mitgliedern des Opus Dei kein Hindernis für gegenseitiges Verstehen im Geiste feinfühliger Nächstenliebe. Immer wieder kommen wir auf das gleiche Thema zurück: Freiheit und Liebe. Und das ist logisch, denn das einzig Ausschlaggebende ist, in der Freiheit zu leben, die Christus uns erworben, und die Liebe zu verwirklichen, die er uns als neues Gebot hinterlassen hat.

Sie sprachen gerade von dem großen Wert, den die Einheit der Familie darstellt. Ich möchte daran die Frage anschließen, weshalb das Opus Dei keine religiösen Veranstaltungen durchführt, an denen die Eheleute gemeinsam teilnehmen?

99 Wie in vielen anderen Dingen, haben wir Christen in dieser Frage die Freiheit, nach eigenem Belieben unter den verschiedensten Möglichkeiten auszuwählen, ohne daß irgend jemand das Recht hätte, uns eine bestimmte Methode als verbindlich vorzuschreiben. Wie vor der Pest sollte man sich in der Seelsorge und überhaupt im Apostolat vor Methoden hüten, die den Eindruck einer verbesserten und erweiterten Auflage der Einheitspartei im religiösen Leben erwecken.

Mir ist bekannt, daß es katholische Vereinigungen gibt, die Einkehrtage und ähnliche Bildungskurse für Ehepaare veranstalten. Ich finde es ausgezeichnet, daß sie von ihrer Freiheit Gebrauch machen und tun, was sie für richtig halten, und auch, daß alle daran teilnehmen, die in diesen Veranstaltungen eine Hilfe für die bessere Verwirklichung ihrer christlichen Berufung finden. Aber ich betrachte diese Möglichkeit nicht als die einzige, und es ist auch nicht ersichtlich, warum sie unbedingt die beste sein soll.

Bei vielen Gelegenheiten können und sollten die Eheleute und sogar die ganze Familie gemeinsam am kirchlichen Leben teilnehmen, so zum Beispiel am eucharistischen Opfer und an anderen liturgischen Handlungen. Ich bin jedoch der Überzeugung, daß bestimmte Veranstaltungen religiöser Bildung wirksamer sind, wenn die Eheleute an ihnen getrennt teilnehmen. Einerseits wird so der grundsätzlich personale Charakter der eigenen Heiligung, des asketischen Kampfes und der Vereinigung mit Gott unterstrichen, die zwar einen starken Bezug zu den Mitmenschen haben, in denen jedoch das Gewissen des einzelnen niemals ersetzt werden kann. Andererseits ist es so leichter möglich, die Veranstaltungen auf die konkreten Umstände und Erfordernisse sowie die besondere Psychologie der jeweiligen Personengruppe einzustellen. Das soll natürlich nicht heißen, bei diesen Veranstaltungen bleibe unberücksichtigt, daß die Teilnehmer verheiratet sind. Nichts wäre dem Geist des Opus Dei fremder.

Seit vierzig Jahren sage und schreibe ich immer wieder, daß jeder Mann und jede Frau das gewöhnliche Leben, die konkreten Umstände des Alltags dazu benutzen muß, um sich zu heiligen, und daß die Eheleute demnach ihre Heiligkeit gerade in einer vollkommenen Erfüllung ihrer familiären Pflichten finden. Die Einkehrtage und sonstigen Veranstaltungen, die das Opus Dei für verheiratete Männer und Frauen organisiert, sollen in ihnen ein klares Bewußtsein von der Würde ihrer ehelichen Berufung wecken, damit sie mit der Hilfe Gottes besser gerüstet sind, diesem Ruf entsprechend zu leben.

Die Forderungen und die praktischen Äußerungen der ehelichen Liebe sind aber in vielen Aspekten für Mann und Frau verschieden, und mit Veranstaltungen, die dieser Tatsache Rechnung tragen, kann man ihnen auf wirksame Weise helfen, diese konkreten Anforderungen in der Wirklichkeit ihres alltäglichen Lebens zu entdecken. So bewirkt die Trennung für einige Stunden oder Tage, daß die Gatten im Alltag stärker geeint sind und man sich mit einer tiefen Liebe begegnet, die ganz die Persönlichkeit des anderen achtet. Ich möchte noch einmal betonen, daß wir unsere Art nicht für die einzig richtige halten, die alle nachzuahmen hätten. Ohne die gegenteilige Meinung damit anzugreifen, scheint es mir jedoch, daß sich unsere Art gut bewährt hat, und daß – abgesehen von einer langjährigen Erfahrung – handfeste Gründe dafür sprechen.

Abgesehen von den bestimmten Veranstaltungen religiöser Bildung, bei denen wir im Opus Dei diesen Gesichtspunkten folgen, gibt es viele Aktivitäten anderer Art, an denen die Eheleute gemeinsam teilnehmen und mitarbeiten. Ich denke zum Beispiel an die Zusammenarbeit mit den Eltern der Schüler, die von Mitgliedern des Opus Dei geleitete Schulen besuchen, oder auch an Zusammenkünfte, Vorträge und gemeinsame Feiern, die man in Studentenheimen, die vom Opus Dei geleitet werden, für die Eltern der Studenten veranstaltet. Wenn die Art der Veranstaltung die Anwesenheit beider Eheleute nahelegt, nehmen beide daran teil. Aber derartige Veranstaltungen unterscheiden sich von denen, die unmittelbar auf die persönliche geistliche Formung ausgerichtet sind.

Ich möchte beim Thema der Familie bleiben und näher auf die Erziehung der Kinder und ihr Verhältnis zu den Eltern eingehen. Die Wandlungen, die die Familie heute durchmacht, erschweren nicht selten das gegenseitige Verständnis und führen zum sogenannten Generationenkonflikt. Wie kann man diese Schwierigkeit überwinden?

100 Das Problem ist nicht neu, wenn es sich auch heute wegen der überstürzten Entwicklung unserer Gesellschaft häufiger und mit größerer Schärfe stellen mag. Es ist selbstverständlich und durchaus natürlich, daß Jugendliche und Erwachsene die Dinge auf verschiedene Weise sehen; das ist immer so gewesen. Überraschend wäre es, wenn ein Heranwachsender genauso denken würde wie ein erwachsener Mensch. Wir alle haben gegen die Erwachsenen aufbegehrt, als wir begannen, unabhängig zu denken. Und alle haben wir im Laufe der Jahre begriffen, daß unsere Eltern in vielen Fragen, die sie aus ihrer Erfahrung und ihrer Liebe zu uns heraus beurteilten, recht hatten. Deshalb ist es an erster Stelle Sache der Eltern, die ja auch einmal ähnliches erlebt haben, mit Anpassungsfähigkeit und heiterer Gelassenheit das

Verständnis füreinander zu erleichtern und mit intelligenter Liebe mögliche Konflikte zu vermeiden.

Ich rate den Eltern immer, sich die Freundschaft ihrer Kinder zu gewinnen. Die für die Erziehung notwendige elterliche Autorität ist durchaus vereinbar mit einer echten Freundschaft, die verlangt, daß man sich auch mit den Kindern auf eine Ebene zu stellen vermag. Auch wenn sie scheinbar noch so rebellisch und eigenwillig sind, sehnen sich die Kinder im Grunde immer nach einem offenen, brüderlichen Verhältnis zu ihren Eltern. Der Schlüssel dazu liegt im gegenseitigen Vertrauen. Es setzt voraus, daß die Eltern ihre Kinder in einem Klima der Offenheit zu erziehen wissen und ihnen gegenüber niemals den Eindruck des Mißtrauens erwecken, daß sie den Kindern Freiheit lassen und sie lehren, ihre Freiheit eigenverantwortlich zu gebrauchen. Es ist besser, die Eltern lassen sich einmal hintergehen, als daß sie Mißtrauen zeigen. Die Kinder gestehen sich selbst beschämt ein, das Vertrauen ihrer Eltern mißbraucht zu haben, und bessern ihr Verhalten. Läßt man ihnen dagegen keine Freiheit, und spüren sie, daß man ihnen mißtraut, bedeutet das für sie einen ständigen Anreiz zur Unaufrichtigkeit.

Diese elterliche Freundschaft, die sich mit den Kindern auf eine Ebene zu stellen weiß und eine vertrauensvolle Aussprache über ihre kleinen Nöte erleichtert, ermöglicht außerdem – und das scheint mir von großer Bedeutung zu sein –, daß es die Eltern selbst sind, die ihren Kindern schrittweise den Ursprung des Lebens erklären, indem sie sich ihrer Mentalität und ihrer Auffassungsgabe anpassen und behutsam dem jeweiligen natürlichen Wissensdrang zuvorkommen. Man muß unbedingt vermeiden, daß die Kinder den Bereich des Geschlechtlichen wie durch einen Schleier der Bosheit gewahren, weil sie in etwas so Edles und Heiliges durch die schmutzige Bemerkung eines Freundes oder einer Freundin eingeführt worden sind. Hier bietet sich den Eltern eine wichtige Möglichkeit, um das freundschaftliche Vertrauensverhältnis zu ihren Kindern zu festigen und eine Entfremdung beim Erwachen des sittlichen Bewußtseins zu verhindern.

Die Eltern müssen versuchen, sich ein jugendliches Herz zu bewahren; dann wird es ihnen leichter fallen, die echten Anliegen, aber auch die Extravaganzen der jungen Leute mit Sympathie aufzunehmen. Das Leben ändert sich, und es gibt viel Neues, das uns vielleicht nicht zusagt. Möglicherweise ist es auch gar nicht besser als das Althergebrachte. Aber das heißt nicht, daß es schlecht ist; es handelt sich einfach um den Ausdruck eines anderen Lebensstils und besitzt keine weiterreichende Bedeutung. Oftmals entstehen Konflikte nur, weil man Kleinigkeiten allzu tragisch nimmt, die sich mit etwas Weitblick und Sinn für Humor leicht hätten überwinden lassen.

101 Aber nicht alles hängt von den Eltern ab. Auch die Kinder haben das ihre beizutragen. Die Jugend ist immer fähig gewesen, sich für hohe Ideale, für alles Große und Echte zu begeistern. Man sollte ihr helfen, die schlichte, unter alltäglicher Selbstverständlichkeit verborgene Größe im Leben ihrer Eltern entdecken zu lernen, und ihr – ohne lästig zu fallen – die Augen dafür öffnen, daß das Wohl der Familie ihren Eltern nicht selten heroische Hingabe und Selbstverleugnung abverlangt. Die Kinder müssen auch lernen, die Lage nicht zu dramatisieren und nicht die Unverstandenen zu spielen. Schließlich dürfen sie nicht vergessen, daß sie immer in der Schuld ihrer Eltern stehen werden und daß sie zumindest mit Verehrung und kindlicher, dankbarer Liebe antworten müßten.

Aber seien wir ehrlich, die Einigkeit in der Familie ist der Normalfall. Sicher kommt es zu Reibereien und Auseinandersetzungen, aber das ist selbstverständlich und gibt sogar gewissermaßen unserem Alltag die Würze. Diese Belanglosigkeiten verschwinden mit der Zeit, und übrig bleibt das einzig Dauerhafte: eine echte, ungeheuchelte, aufopferungsvolle Liebe, die dazu führt, sich umeinander zu kümmern, die kleinen Sorgen der anderen zu bemerken und sie auf feinfühlige Art zu lösen. Und gerade weil das alles nichts Außergewöhnliches ist, verstehen die meisten Menschen sehr gut, warum ich – schon seit den zwanziger Jahren – das vierte Gebot „das liebenswerteste Gebot“ zu nennen pflege.

Ein Teil der heutigen Jugend hat fast gänzlich den Sinn für die christliche Frömmigkeit verloren und tut sie als „Frömmelei“ ab. Das scheint eine Reaktion gegen eine aufgezwungene religiöse Erziehung zu sein, die sich häufig darauf beschränkt, einige routinehafte, sentimentale Frömmigkeitsübungen zu vermitteln. Welche Lösung bietet sich Ihrer Meinung nach für dieses Problem an?

Die Frage selbst bringt bereits indirekt zum Ausdruck, was zu tun ist: Man muß – zuerst durch das eigene Beispiel und dann durch das Wort – zeigen, was wahre Frömmigkeit ist. Die Frömmelei ist nichts als eine traurige, pseudo-spirituelle Karikatur, die im allgemeinen aus einem mangelnden Glaubensverständnis und einer gewissen charakterlichen Verbildung erwächst. 102

Mit Freude habe ich festgestellt, daß junge Menschen heute genau wie vor vierzig Jahren von der christlichen Frömmigkeit gepackt werden, wenn sie sehen, daß man sie aufrichtig lebt, wenn sie begreifen lernen, daß Beten nichts anderes heißt, als mit Gott sprechen, so wie man mit einem Vater oder einem Freund spricht, eine ganz persönliche Aussprache fern aller Anonymität; wenn sie im Herzen jene Worte Christi vernehmen, die wie eine Aufforderung zu vertrauensvoller Begegnung sind: *vos autem dixi amicos* (Joh 15, 15), ich habe euch Freunde genannt, und wenn sie schließlich ihren Glauben herausgefordert sehen und begreifen, daß Christus derselbe ist, *gestern, heute und in Ewigkeit* (Hebr 13,8).

Andererseits müssen die jungen Menschen begreifen, daß diese schlichte, von Herzen kommende Frömmigkeit auch den Einsatz der menschlichen Tugenden verlangt. Sie läßt sich nicht darauf beschränken, wöchentlich oder täglich ein paar fromme Übungen zu verrichten, sondern muß das ganze Leben durchdringen und Arbeit, Erholung, Freundschaft und Vergnügen, mit einem Wort: alles, mit einem neuen Sinn erfüllen. Wir sind nicht nur zeitweise Kinder Gottes, wenngleich es Zeiten gibt, die wir besonders diesem Gedanken widmen, um uns von dem Bewußtsein unserer Gotteskindschaft, die das Mark unserer Frömmigkeit ist, durchdringen zu lassen.

Vorhin sagte ich, daß junge Menschen diese Dinge gut verstehen; andererseits wird man sich, solange man sie im eigenen Leben zu verwirklichen sucht, immer jung fühlen. Der Christ, der in der Vereinigung mit Christus lebt, kann auch als Greis noch mit vollem Recht die Worte des Stufengebetes sprechen: *Zum Altare Gottes will ich treten, zu Gott, der mich erfreut von Jugend auf* (Ps 42,4).

Erscheint es Ihnen demnach wichtig, die Kinder von klein auf zur Frömmigkeit zu erziehen? Sind Sie der Ansicht, daß man in der Familie einige Frömmigkeitsübungen pflegen sollte?

103 Mir scheint, daß gerade dies der beste Weg ist, um den Kindern eine echt christliche Erziehung mitzugeben. Die Heilige Schrift berichtet uns von den Familien der ersten Christen – *Hausgemeinden* (1 Kor 16, 19) nennt sie der heilige Paulus–, denen das Licht des Evangeliums neuen Auftrieb und neues Leben verlieh.

In jedem christlichen Milieu hat man mit dieser natürlichen und übernatürlichen Einführung in das Leben der Frömmigkeit innerhalb der Familie ausgezeichnete Erfahrungen gemacht. Das Kind lernt, seine erste tiefe Zuneigung Christus zu schenken, es lernt, Gott wie einen Vater und Maria wie eine Mutter zu behandeln; mit einem Wort: es lernt beten, indem es einfach dem Beispiel seiner Eltern folgt. Wenn man das sieht, begreift man, wie wichtig die apostolische Aufgabe der Eltern ist, und wie sehr sie verpflichtet sind, selbst aufrichtig fromm zu sein, damit sie ihren Kindern diese Frömmigkeit nicht nur erklären, sondern vorleben können.

Sie fragen nach den Mitteln? Es gibt einige wenige, wie mir scheint ausgezeichnete, kurze und althergebrachte Frömmigkeitsübungen, die in den christlichen Familien immer gelebt worden sind: das Tischgebet, der gemeinsame Rosenkranz – obgleich heutzutage manche diese bewährte Form der Marienverehrung angreifen –, die persönlichen Morgen- und Abendgebete. Je nach der Gegend werden die Gewohnheiten verschieden sein, aber ich denke, daß die eine oder andere einfach, schlicht und ohne Frömmelei gemeinsam verrichtete Frömmigkeitsübung in jeder Familie ihren Platz haben sollte.

Auf diese Weise werden wir erreichen, Gott nicht als einen Fremden zu betrachten, den man einmal in der Woche, am Sonntag, in der Kirche aufsucht, sondern wir werden lernen, ihn so zu sehen und mit ihm umzugehen, wie es sein soll. Dann findet man ihn auch inmitten der Familie, denn schließlich hat er selbst gesagt: *Wo zwei oder drei in meinem Namen versammelt sind, da bin ich mitten unter ihnen* (Mt 18,20).

Mit Dankbarkeit und mit dem Stolz eines Kindes kann ich sagen, daß ich auch heute noch morgens und abends laut die Gebete verrichte, die ich als Kind von meiner Mutter lernte. Sie führen mich zu Gott und erinnern mich daran, mit wieviel Liebe man mir bei den ersten Schritten auf meinem Weg als Christ half. Und wenn ich Gott den beginnenden Tag aufopfere oder ihm für den vergangenen danke, bitte ich ihn um die ewige Herrlichkeit derer, die ich besonders liebe, und darum, daß er uns später für immer bei sich vereinen möge.

Mit Ihrem Einverständnis bleiben wir beim Thema Jugend. Unsere Zeitschrift besitzt eine Spalte, die den Jugendlichen gewidmet ist und in der viele ihrer Probleme an uns herangetragen werden. Ein besonders häufiges Problem besteht darin, daß die Eltern einen gewissen Druck auszuüben suchen, wenn es um die grundlegenden Lebensentscheidungen ihrer Kinder geht. Das geschieht sowohl bei der Berufswahl als auch bei der Wahl des Lebensgefährten und in noch stärkerem Maße, wenn der junge Mensch einer Berufung Gottes zum Dienst an den Mitmenschen folgen möchte. Läßt sich diese Haltung der Eltern rechtfertigen? Handelt es sich nicht um eine Beschneidung jener persönlichen Freiheit, die unerläßlich ist, um zur persönlichen Reife zu gelangen?

Es versteht sich von selbst, daß die Entscheidungen, die die 104
Ausrichtung des Lebens bestimmen, in letzter Instanz von jedem selbst in völliger Freiheit, ohne Zwang oder Druck irgendwelcher Art gefällt werden müssen.

Das bedeutet nicht, daß im allgemeinen die Hilfe anderer Menschen überflüssig wäre. Gerade weil es sich um entscheidende Schritte handelt, die das ganze Leben prägen und von denen zum großen Teil das spätere Glück abhängt, ist es einsichtig, daß sie Besonnenheit, Verantwortlichkeit und Klugheit erfordern und daß jede Überstürzung vermieden werden sollte. Ein guter Teil der Klugheit besteht aber gerade darin, daß man um Rat zu bitten weiß. Es wäre eine Anmaßung, die man gewöhnlich teuer bezahlt, zu glauben, wir benötigten für unsere Entscheidungen weder die Gnade Gottes noch die aufrichtige Anteilnahme anderer Menschen und besonders unserer Eltern.

Die Eltern können und sollten ihren Kindern hier eine wertvolle Hilfe leisten. Sie können ihnen neue Perspektiven auftun, ihnen ihre Erfahrungen mitteilen, sie zur Besinnung anhalten und ihnen eine sachliche Beurteilung der Dinge vor Augen halten, damit sie sich nicht von einer Augenblicksstimmung fortreißen lassen. Manchmal werden sie mit einem persönlichen Rat helfen, ein anderes Mal indem sie ihre Kinder anregen, sich mit anderen zu beraten: im Gespräch mit einem guten, ehrlichen Freund, mit einem gebildeten, frommen Priester oder mit einem Berufsberater.

Ein solcher Rat hebt die persönliche Freiheit nicht auf; er stellt lediglich Urteilshilfen bereit, die das Feld der Wahlmöglichkeiten erweitern und die Wirkung irrationaler Faktoren bei der Entscheidung vermindern. Nachdem man die Meinung anderer gehört und abgewogen hat, kommt der Augenblick, in dem man sich entscheiden muß, und hier hat niemand das Recht, die Freiheit einzuschränken. Die Eltern müssen sich vor der Versuchung hüten, sich in ihre Kinder hineinzuprojizieren und die eigenen Vorstellungen in ihnen verwirklicht sehen zu wollen; vielmehr müssen sie die Neigungen und Fähigkeiten respektieren, die Gott jedem einzelnen mitgegeben hat. Wenn die Liebe aufrichtig ist, wird das gewöhnlich nicht schwerfallen. Selbst in dem extremen Fall, daß ein Kind eine Entscheidung trifft, die die Eltern aus guten Gründen als verfehlt und vielleicht sogar als höchst unglücklich ansehen, hilft der Zwang nicht. Das einzige, was hilft, ist, dem Kind Verständnis entgegenzubringen und ihm weiterhin zur Seite zu stehen, um die Schwierigkeiten zu überwinden und aus jener unglücklichen Entscheidung zumindest noch das Bestmögliche zu machen.

Wenn die Eltern ihre Kinder wirklich lieben und aufrichtig an ihrem Glück interessiert sind, müssen sie, nachdem sie ihre Ratschläge und Gedanken geäußert haben, in der Lage sein, sich taktvoll zurückzuziehen, damit nichts das große Gut der Freiheit beeinträchtigt, das den Menschen zur Liebe Gottes und zu seinem Dienst befähigt. Sie sollten sich vergegenwärtigen, daß Gott selbst unsere Liebe und unseren Dienst nur in Freiheit will und unsere persönlichen Entscheidungen immer respektiert: *Er überließ den Menschen der Macht der eigenen Entscheidung* (Sir 15,14), heißt es in der Schrift.

Noch ein Wort zum letzten konkreten Fall, den Sie erwähnen, das heißt zu der Entscheidung, sich ganz in den Dienst der Kirche und der Mitmenschen zu stellen. Wenn katholische Eltern eine solche Berufung nicht begreifen, so bedeutet dies für mich, daß sie in ihrer Aufgabe, eine christliche Familie zu bilden, gescheitert und sich nicht einmal der Würde bewußt sind, die das Christentum ihrer eigenen ehelichen Berufung verleiht. Die Erfahrung, die ich in dieser Hinsicht im Opus Dei gemacht habe, ist sehr positiv. Ich pflege den Mitgliedern des Werkes zu sagen, daß sie ihre Berufung zu neunzig Prozent ihren Eltern verdanken, denn von ihnen haben sie ihre Erziehung erhalten und von ihnen haben sie gelernt, großherzig zu sein. Ich kann sagen, daß die große Mehrheit, ja praktisch alle Eltern diese Entscheidung ihrer Kinder nicht nur respektieren, sondern sie hochschätzen und bald das Werk als eine Erweiterung der eigenen Familie betrachten. Das bedeutet für mich eine sehr große Freude und ist zugleich eine Bestätigung dafür, daß man, um übernatürlich zu sein, sehr menschlich sein muß.

> Heute wird bisweilen die Auffassung vertreten, die Liebe rechtfertige alles, und daraus wird dann der Schluß gezogen, die Brautzeit sei wie eine „Ehe auf Probe" zu verstehen. Man hält es für verlogen und rückständig, nicht dem zu folgen, was man als „Forderungen der Liebe" versteht. Wie stehen Sie zu einer solchen Haltung?

Ich denke darüber wie jeder vernünftige Mensch, und vor al- 105
lem, wie jeder Christ darüber zu denken hat: daß diese Haltung menschenunwürdig ist, weil sie die menschliche Liebe herabwürdigt, indem sie sie mit dem Egoismus und mit bloßer Triebbefriedigung verwechselt.

Wer nicht so denkt und handelt sei rückständig? Rückständig ist doch wohl der, der in den Zustand eines Wilden zurückfällt und keine anderen Regungen kennt als seine Instinkte. Die Brautzeit ist eine wunderbare Gelegenheit, die gegenseitige Kenntnis und Zuneigung zu vertiefen. Sie ist wie eine Schule der Liebe und sollte daher nicht von der Genußsucht, sondern vom Geist der Hingabe, von Verständnis, gegenseitiger Achtung und Feingefühl geprägt sein. Im vergangenen Jahre habe ich der Universität von Navarra eine Statue der Mutter Gottes, der „Mutter der schönen Liebe" geschenkt, damit die Studenten und Studentinnen von ihr die Erhabenheit auch der menschlichen Liebe lernen.

Ehe auf Probe? Wie wenig versteht der von Liebe, der so spricht! Die Wirklichkeit der Liebe ist viel sicherer, realer und menschlicher; sie kann nicht wie eine Ware behandelt werden, die man je nach Lust und Laune ausprobiert, um sie dann mitzunehmen oder wegzuwerfen.

Dieser Mangel an Wertmaßstäben ist in sich bereits so bedauerlich, daß es nicht nötig erscheint, die Menschen zu verurteilen, die so denken und handeln; denn sie selbst verurteilen sich zu Unfruchtbarkeit, Trauer und trostloser Einsamkeit, die sich schon nach wenigen Jahren einstellen. Ich werde immer viel für diese Menschen beten, sie aus ganzem Herzen lieben und ihnen zu zeigen versuchen, daß auch für sie der Weg zu Christus immer offensteht und daß auch sie sich heiligen und ganze Christen sein können, wenn sie nur wollen, denn Gottes Vergebung und Gnade werden ihnen niemals fehlen. Nur dann werden sie wirklich begreifen lernen, was Liebe ist: göttliche Liebe und wahre menschliche Liebe. Und sie werden erfahren, was Friede, Freude und Fruchtbarkeit ist.

Ein wichtiges Problem ist die Lage der unverheirateten Frauen; wir meinen die Lage jener Frauen, die zwar eine Berufung zur Ehe haben, aber faktisch nicht dazu kommen zu heiraten. Sie fragen sich dann häufig, wozu sie eigentlich auf der Welt sind. Was würden Sie ihnen antworten?

106 Wozu sie auf der Welt sind? Um Gott aus ganzem Herzen und ganzer Kraft zu lieben und diese Liebe auf alle Geschöpfe auszudehnen. Ist das etwa wenig? Gott überläßt niemanden einem blinden Geschick. Er hat seinen Plan für jeden einzelnen, und einen jeden ruft er mit einer ganz persönlichen, auf keinen anderen übertragbaren Berufung.

Die Ehe ist ein Weg zu Gott, eine Berufung. Aber sie ist nicht der einzige Weg und nicht die einzig mögliche Berufung. Die Pläne Gottes schließen nicht für jede Frau notwendigerweise die Ehe ein. Sie haben Berufung zur Ehe, kommen aber nicht dazu zu heiraten? In dem einen oder anderen Fall mag das sicher wahr sein. Vielleicht haben Egoismus oder Eigenliebe es verhindert, daß sich dieser Ruf Gottes erfüllen konnte. In den meisten Fällen dagegen kann es als Zeichen dafür gelten, daß Gott ihnen keine wirkliche Berufung zur Ehe gegeben hat. Es ist wahr, sie sind kinderlieb und spüren, daß sie gute Mütter sein und sich treu einem Mann und ihren Kindern hingeben könnten. Aber das ist bei jeder Frau so, auch bei jenen, die – obwohl sie heiraten könnten – aufgrund einer göttlichen Berufung auf die Ehe verzichten, um sich ganz dem Dienste Gottes und ihrer Mitmenschen zu widmen.

Wenn sie nicht zum Heiraten gekommen sind, dann müssen sie eben, wie bisher, als Unverheiratete den Willen Gottes erfüllen. Sie sollten sich noch mehr Christus zuwenden, der niemanden im Stich läßt. Er ist treu und begleitet uns auf unserem Lebensweg, um sich uns schon jetzt für immer zu schenken.

Außerdem kann die Frau auch ohne eigene Familie durchaus ihre spezifische Aufgabe erfüllen, indem sie ihre fraulichen Fähigkeiten und speziell ihre mütterliche Sorge an anderer Stelle, etwa in anderen Familien, in der Schule, in der Fürsorge oder bei tausend sonstigen Gelegenheiten einsetzt. Die Gesellschaft ist oft sehr hart und ungerecht mit denen, die sie abschätzig als „alte Jungfern" bezeichnet. Viele unverheiratete Frauen verstehen es, sich großherzig und wirksam dem Dienst am Nächsten hinzugeben, und verbreiten um sich eine Atmosphäre der Freude und des Friedens. In einem geistigen Sinne könnte man sie mit größerem Recht Mutter nennen als viele, die nur eine physiologische Mutterschaft kennen.

> Bisher haben wir über die Zeit vor der Ehe gesprochen. Gehen wir nun auf einige Probleme der Ehe selbst ein. Welche Ratschläge würden Sie einer verheirateten Frau geben, damit ihre Ehe auch nach vielen Jahren noch glücklich bleibt und sich nicht die Eintönigkeit einschleicht? Vielleicht erscheint diese Frage auf den ersten Blick nicht so wichtig, aber unsere Zeitschrift erhält gerade diesbezüglich viele Zuschriften.

Ich halte diese Frage tatsächlich für sehr wichtig, und deshalb 107
sollte man auch das, was sich als mögliche Lösung anbietet, ernst nehmen, selbst wenn es sich dem Anschein nach nur um Bagatellen handelt.

Damit die ursprüngliche eheliche Liebe erhalten bleibt, muß die Frau sich bemühen, ihren Mann Tag für Tag von neuem für sich zu gewinnen; und das gleiche gilt für den Ehemann gegenüber seiner Frau. Die Liebe muß jeden Tag neu erobert werden, und sie wird erobert mit Opfer, mit einem Lächeln und auch mit einer guten Dosis einfühlsamer Klugheit. Wen kann es wundern, daß der Ehemann am Ende die Geduld verliert, wenn er erschöpft von der Arbeit nach Hause kommt und die Frau pausenlos auf ihn einzureden beginnt, um ihm haarklein alles zu erzählen, was ihrer Meinung nach schiefgegangen ist. Die weniger angenehmen Dinge kann man auch für einen günstigeren Augenblick aufsparen, in dem der Ehemann ausgeruht und aufnahmebereiter ist.

Eine weitere Kleinigkeit ist die Pflege der äußeren Erscheinung. Sollte ein Geistlicher das Gegenteil behaupten, so würde ich ihn für einen schlechten Ratgeber halten. Je mehr die Frau, die in der Welt lebt, spürt, daß sie anfängt alt zu werden, um so wichtiger ist es für sie, nicht nur auf die Vertiefung des Gebetslebens zu achten, sondern sich auch – und gerade deswegen – um eine *gepflegte äußere Erscheinung* zu bemühen, selbstverständlich immer im Einklang mit dem Alter und den persönlichen Gegebenheiten. Je älter die Fassade wird, sage ich manchmal im Scherz, um so dringender bedarf sie des Anstrichs. Das ist ein priesterlicher Rat. Ein altes spanisches Sprichwort sagt: *Eine gepflegte Frau hält ihren Mann von fremden Türen ab.*

Ja ich wage zu behaupten, daß an einer möglichen Untreue des Ehemannes zu einem großen Teil die eigene Frau schuld ist, weil sie es nicht versteht, ihren Mann jeden Tag von neuem für sich zu gewinnen. Die Aufmerksamkeit der verheirateten Frau muß sich in erster Linie auf ihren Mann und ihre Kinder richten; so wie die des Mannes auf seine Frau und die Kinder. Und das erfordert Zeit und Mühe, damit es richtig angegangen wird und gelingen kann. Nichts, was dieser Aufgabe entgegensteht, kann gut sein.

Von dieser liebenswerten Pflicht entbindet keine Entschuldigung, weder die Arbeit außerhalb des Hauses noch die eigene Frömmigkeit; wenn diese sich nicht mit den Pflichten des Alltags vereinbaren läßt, taugt sie zu nichts und mißfällt Gott. Die Ehefrau muß sich an erster Stelle ihrem Haushalt und ihrer Familie widmen. Ich erinnere mich da an ein Volkslied meiner Heimat, in dem es heißt: *Die Frau, der das Essen anbrennt, weil sie zur*

Kirche geht, ist zwar zur Hälfte ein Engel, doch Teufel zum anderen Teil. Mir scheint sie ganz „Teufel" zu sein.

Neben den möglichen Schwierigkeiten zwischen Eltern und Kindern vermag auch ein häufiger Streit zwischen den Ehegatten bisweilen den Frieden der Familie ernsthaft zu gefährden. Welchen Rat würden Sie den Eheleuten in diesem Fall geben?

Daß sie sich trotz allem lieben und sich darüber im klaren sind, 108
daß es wohl das ganze Leben lang Streitereien und Schwierigkeiten geben wird, die aber, wenn man sie mit Natürlichkeit zu überwinden weiß, die Liebe eher noch vertiefen.

Jeder von uns hat seine Art, seine Eigenwilligkeiten, seine Laune – manchmal auch seine schlechte Laune – und seine Fehler. Jeder hat aber auch seine angenehmen Seiten, die ihn liebenswert machen. Das Zusammenleben ist einfach, wenn jeder sich darum bemüht, gegen die eigenen Fehler zu kämpfen und über die Fehler des anderen hinwegzusehen, mit einem Wort: wenn man sich liebt. Denn die Liebe überwindet alles, was vermeintlich Anlaß zu einer Entfremdung oder Trennung sein könnte. Wenn man dagegen die kleinen Gegensätze aufbauscht und sich gegenseitig Fehler und Irrtümer vorhält, dann hat der Friede ein Ende, und die Gefahr ist groß, daß die Liebe erkaltet.

Die Eheleute besitzen eine besondere Standesgnade, die Gnade des Ehesakramentes, die es ihnen ermöglicht, alle natürlichen und christlichen Tugenden zu erwerben, die für das Zusammenleben notwendig sind: gegenseitiges Verständnis, gute Laune, Geduld, Verzeihen und Feingefühl im Umgang miteinander. Entscheidend ist, daß sie sich nicht gehenlassen und nicht erlauben, daß Nervosität, Stolz oder persönliche Manien sie beherrschen. Um das zu erreichen, müssen die Eheleute in ihrem inneren Leben wachsen und von der Heiligen Familie lernen, aus menschlichen und zugleich übernatürlichen Gründen mit Fingerspitzengefühl die Tugenden einer christlichen Familie zu leben. Die Gnade Gottes wird ihnen dabei nicht fehlen.

Wenn jemand einwendet, daß er dies oder jenes nicht ertragen und ein böses Wort nicht unterdrücken kann, so übertreibt er, um sich rechtfertigen zu können. Man muß Gott um die Kraft bitten, der eigenen Laune Herr zu werden, und um die Gabe, die notwendige Selbstbeherrschung zu gewinnen. Denn das Gefährliche beim Ärger liegt darin, daß man aus der Fassung gerät und daß dann die Worte bitter werden und beleidigend und man so, ohne es eigentlich gewollt zu haben, verletzt und wirklichen Schaden anrichtet.

In der Ehe muß man lernen zu schweigen, abzuwarten und die Dinge auf eine gewinnende, optimistische Art zur Sprache zu bringen. Regt der Mann sich auf, dann ist für sie der Augenblick gekommen, besonders geduldig zu sein, bis er seine Ausgeglichenheit wiedergefunden hat, und umgekehrt. Wenn die beiden sich lieben und sich aufrichtig um das Wachstum ihrer Liebe bemühen, wird es nur selten vorkommen, daß sich beide zu gleicher Zeit von ihrer *schlechten Laune* beherrschen lassen.

Noch etwas ist wichtig: Wir müssen uns mit dem Gedanken befreunden, daß wir niemals *ganz* im Recht sind. Gerade bei Dingen, die der freien Meinungsbildung unterliegen, ist es so, daß die Wahrscheinlichkeit, im Unrecht zu sein, um so größer ist, je mehr wir uns darauf versteifen, ganz allein recht zu haben. Wer davon ausgeht, dem fällt es leichter, seine Haltung zu korrigieren und, wenn nötig, um Verzeihung zu bitten, was stets die beste Art ist, einen Streit zu beenden und zum Frieden und zur Liebe zurückzufinden. Ich möchte niemanden zu Auseinandersetzungen ermuntern, aber es ist nur natürlich, daß wir uns manchmal streiten, und zwar gerade mit denen, die wir am meisten lieben und mit denen wir ständig zu tun haben. Solange man dafür sorgt, daß sie nicht allzu häufig vorkommen, sind diese kleinen ehelichen Streitigkeiten kein Beweis mangelnder Liebe; ja sie können sogar mithelfen, die Liebe zu vertiefen.

Und ein letzter Rat: Die Eltern sollten nie in Gegenwart der Kinder miteinander streiten. Ein Wort, ein Blick oder eine Geste müßte genügen, um sich rechtzeitig daran zu erinnern. Ist eine Auseinandersetzung unvermeidlich, dann werden sie später Gelegenheit haben, mit größerer Gelassenheit darüber zu sprechen. Die Atmosphäre in der Familie muß vom ehelichen Frieden geprägt sein, denn er ist die notwendige Bedingung für eine wirksame und gründliche Erziehung. Die Kinder sollten in ihren Eltern ein Beispiel der Hingabe, der aufrichtigen Liebe, der gegenseitigen Hilfe und des Verständnisses sehen, und es darf nicht dazu kommen, daß die unbedeutenden Streitigkeiten des Alltags die Kinder jene wahre Liebe ihrer Eltern vergessen lassen, die in der Lage ist, alle Schwierigkeiten zu überwinden.

Manchmal nehmen wir uns allzu ernst. Ab und zu ärgert sich jeder einmal, manchmal mit gutem Grund, manchmal auch, weil es an Geist der Abtötung fehlt. Das Entscheidende ist, mit einem Lächeln zu zeigen, daß der Ärger nichts an der Zuneigung geändert hat und das familiäre Einvernehmen wiederhergestellt ist. Mit einem Wort, die Eheleute sollen ihre Kinder und sich gegenseitig lieben, denn auf diese Weise lieben sie Gott.

Ich möchte zu einem ganz konkreten Thema übergehen. Vor kurzem wurde in Madrid die Eröffnung einer Bildungsstätte für Hausangestellte angekündigt, die von der weiblichen Abteilung des Opus Dei geleitet werden soll. Als Ziel wird angegeben, den Hausangestellten in einer familiären Atmosphäre eine umfassende, qualifizierte Berufsausbildung zu vermitteln. Welchen gesellschaftlichen Einfluß können Ihrer Meinung nach derartige Tätigkeiten des Opus Dei haben?

Diese apostolische Einrichtung ist eine unter vielen, die von 109
Mitgliedern des Opus Dei in Zusammenarbeit mit anderen Menschen, die nicht unserer Vereinigung angehören, geleitet werden. Das Hauptziel der Bildungsstätte besteht darin, dem Beruf der Hausangestellten ein neues Ansehen zu verleihen, indem man ihr hilft, ihre Arbeit in einen qualifizierten Beruf zu verwandeln. Ich sage das ganz bewußt, denn es ist nötig, die Hausarbeit als das zu betrachten, was sie ist: ein wirklicher Beruf.

Vergessen wir nicht, daß man versucht hat, diese Arbeit als erniedrigend darzustellen. Sie ist es aber keineswegs. Erniedrigend waren allerdings häufig die Begleitumstände dieser Arbeit, und oft sind sie es auch jetzt noch, da die Angestellten nicht selten ohne eine wirkliche Garantie ihrer Rechte, in einer lieblosen Atmosphäre und ohne ausreichendes Entgelt von der Laune ihrer Arbeitgeber abhängig sind. Deshalb ist ein richtiger Arbeitsvertrag erforderlich, der klare und genau umgrenzte Garantien enthält und die beiderseitigen Rechte und Pflichten festlegt.

Aber eine juristische Garantie allein genügt nicht. Die Frau, die einen solchen Dienst leistet, muß auch beruflich entsprechend qualifiziert sein. Obwohl man das Wort heute nicht gerne hört, habe ich gerade bewußt von einem Dienst gesprochen, denn jede sinnvolle Tätigkeit innerhalb der Gesellschaft ist im besten Sinne des Wortes ein Dienst, die Tätigkeit einer Hausangestellten ebenso wie die eines Lehrers oder Richters. Nur derjenige leistet mit seiner Arbeit keinen Dienst, der ausschließlich an sein persönliches Wohlergehen denkt.

Die Arbeit im Haushalt hat einen hohen Wert; denn, vom übernatürlichen Standpunkt aus gesehen, gibt es ja keine Tätigkeiten, die in sich wichtiger oder weniger wichtig wären. Alle sind wichtig, wenn man sie aus Liebe tut. Aufgaben, die man für groß erachtet, werden klein, wenn man den christlichen Sinn des Lebens vergißt; dagegen gibt es scheinbar unbedeutende Tätigkeiten, die große Auswirkungen haben können.

Für mich ist die Arbeit einer Hausangestellten, die dem Opus Dei angehört, genauso bedeutend wie die Arbeit eines anderen Mitglieds, das etwa einen Adelstitel besitzt. In beiden Fällen interessiert mich nur, inwieweit die eine und die andere ihre Arbeit als Mittel und Gelegenheit zur persönlichen Heiligung und zum Apostolat benutzt. Wichtiger ist die Arbeit derjenigen, die sich in ihrem Tun und ihrem Stand besser heiligt und die ihr von Gott anvertraute Aufgabe mit größerer Liebe erfüllt.

Vor Gott haben eine Universitätsprofessorin, eine Angestellte, eine Sekretärin, eine Fabrik- oder Landarbeiterin genau die gleiche Bedeutung. Vor Gott sind alle gleich. Vielleicht sind Gott manchmal einfachere Menschen wohlgefälliger, immer aber diejenigen, die mit Gott Vater, seinem Sohn und dem Heiligen Geist einen vertrauten Umgang pflegen.

Mit der Schule in Madrid kann viel erreicht werden; sie leistet in einem wichtigen Bereich der Gesellschaft eine wirksame Hilfe. Sie ermöglicht eine aus christlichem Geist getane Arbeit, die Freude, Friede und Verständnis in die Familie hineinzutragen vermag. Ich könnte stundenlang über dieses Thema sprechen, aber das Gesagte genügt, um zu verdeutlichen, daß ich die Arbeit im Haushalt als eine Aufgabe von ganz besonderer Tragweite ansehe, die sich mitten in der Familie zum Guten oder Schlechten auswirken kann. Ich hoffe, die Schule in Madrid wird viel Gutes erreichen. So wird es weniger an Menschen fehlen, die mit Charakter, Sachverstand und apostolischem Eifer diesen Beruf ausüben, der überall auf der Welt eine so große Bedeutung hat.

Verschiedenartigste Umstände und nicht zuletzt die Ermahnungen und Dokumente des kirchlichen Lehramtes haben eine tiefgreifende Unruhe in Bezug auf die sozialen Probleme ausgelöst. Man spricht viel vom christlichen Zeugnis in Bezug auf die Tugend der Armut. Wie kann eine Hausfrau, die doch für das Wohlergehen der Familie sorgen muß, diese Armut leben?

Armen wird die Frohe Botschaft verkündet (Mt 11,5). Das ist 110
nach der Heiligen Schrift gerade eines der Zeichen, das die Ankunft des Reiches Gottes ankündigt. Wer die Tugend der Armut nicht liebt und nicht lebt, hat den Geist Christi nicht. Das gilt für alle: für den Einsiedler, der sich in die Wüste zurückzieht, ebenso wie für den gewöhnlichen Christen, der mitten in der Gesellschaft lebt; für denjenigen, dem die irdischen Güter zur Verfügung stehen, wie für den, dem viele dieser Güter fehlen.

Ich möchte ein wenig länger bei diesem Thema verweilen, denn heute wird die Botschaft der Armut nicht immer so verkündigt, daß sie die wirklichen Probleme des Lebens trifft. Zweifellos mit gutem Willen, aber ohne ganz die Zeichen der Zeit begriffen zu haben, predigen manche eine Armut, die Frucht theoretischer Überlegungen ist und sich in spektakulären äußeren Zeichen kundtut, gleichzeitig aber innerlich und manchmal auch äußerlich große Unzulänglichkeiten aufweist.

In Anlehnung an das Wort des Propheten Isaias *Discite benefacere* (Is 1,17) pflege ich zu sagen, daß man *lernen muß, die Tugenden zu leben,* und das gilt vielleicht ganz besonders für die Armut. Sie will gelernt sein, damit sie nicht ein bloßes Ideal bleibt, über das man zwar viel schreibt, das aber niemand ernsthaft verwirklicht. Es gilt, sichtbar zu machen, daß die Armut eine Aufforderung des Herrn an alle Christen ist und daher ein konkreter Ruf, der das Leben der Menschen prägen muß.

Armut heißt nicht Elend und noch weniger Schmutz. Zunächst weil das, was den Christen zum Christen macht, nicht so sehr die äußeren Umstände seines Lebens sind, als vielmehr die innere Haltung. Aber nicht nur deshalb; ein weiterer wichtiger Grund besteht darin, daß Armut nicht einfach mit Entsagung gleichgesetzt werden kann; und diese Erkenntnis ist für ein rechtes Verständnis der christlichen Berufung des Laien überhaupt von ausschlaggebender Bedeutung. Ohne Zweifel kann das christliche Zeugnis der Armut unter bestimmten Umständen darin bestehen, daß ein Christ alles verläßt, um so der Gesellschaft, die nichts anderes als materiellen Wohlstand kennt, einen Spiegel vorzuhalten und mit einer aufrüttelnden Geste zu verkünden, daß nichts Wert hat, wenn man es Gott vorzieht. Aber erwartet die Kirche heute wirklich ganz allgemein dieses Zeugnis? Ist es nicht so, daß sie auch ein ausdrückliches Zeugnis von der Liebe zur Welt und der Solidarität mit allen Menschen verlangt?

Wer über die christliche Armut nachdenkt, hat nicht selten als wesentlichen Anhaltspunkt das Leben der Ordensleute vor Augen, denen es eigen ist, immer und allerorts ein öffentliches, offizielles Zeugnis abzulegen. Dabei läuft man jedoch Gefahr, nicht wahrzunehmen, daß das christliche Zeugnis des Laien einen eigenständigen, spezifischen Charakter besitzt, da es ganz von innen her und mit der Schlichtheit des Alltäglichen gelebt werden muß.

Der gewöhnliche Christ muß in seinem Leben zwei Forderungen miteinander in Einklang bringen, die sich auf den ersten Blick zu widersprechen scheinen: Einmal eine *wirkliche Armut*, die in handfesten Dingen spürbar und greifbar gelebt wird, die ein Bekenntnis des Glaubens an Gott ist und ein Zeichen dafür, daß das Herz sich nicht mit den Geschöpfen zufrieden gibt, sondern daß es den Schöpfer sucht, um sich mit seiner Liebe zu füllen und diese Liebe dann an die Mitmenschen weiterzugeben. Und andererseits die Forderung, *sich nicht von seinen Mitmenschen abzusondern,* vielmehr an ihrem Leben, ihrer Freude und ihrer Arbeit teilzunehmen, die Welt und alles Gute in ihr zu lieben und sich aller irdischen Dinge zu bedienen, um die Probleme des menschlichen Lebens zu lösen und die geistigen und materiellen Voraussetzungen zu schaffen, damit Personen und Gemeinschaften sich frei entfalten können.

Die Synthese zwischen diesen beiden Anforderungen zu finden ist zum guten Teil eine persönliche Aufgabe. Es ist eine Frage des inneren Lebens, das heißt der Fähigkeit, in jedem Augenblick und in jeder Situation auf das hinzuhorchen, was Gott von uns will. Ich möchte deshalb keine festen Richtlinien angeben, sondern nur einige allgemeine Anhaltspunkte, die besonders für die Hausfrau und Mutter gelten.

111 Wirkliche Armut besteht zum großen Teil im Opfer, in der

Fähigkeit, auf einen Überfluß zu verzichten, der sich weniger an theoretischen Maßstäben mißt als an der inneren Stimme, die uns aufmerken läßt, wenn wir uns in Egoismus und übertriebener Bequemlichkeit einzunisten suchen. Ein recht verstandener Komfort hat demgegenüber nichts mit Luxus und Unmäßigkeit zu tun; er ist ein Mittel, der eigenen Familie und anderen Menschen das Leben angenehmer zu machen, damit sie Gott besser dienen können.

Die Armut besteht in einer wahren Loslösung von den irdischen Dingen und in der Fähigkeit, auch mögliche Unannehmlichkeiten und den Mangel an materiellen Mitteln freudig auf sich zu nehmen. Zur Armut gehört auch, daß man seinen ganzen Tag einem flexiblen Plan zu unterwerfen und Stunde für Stunde mit einer nützlichen Tätigkeit auszufüllen weiß, daß man die Dinge so gut wie möglich verrichtet und sich auch in den Kleinigkeiten um Pünktlichkeit, Ordnung und gute Laune bemüht. In diesem Tagesplan sollte, abgesehen von der der Frömmigkeit gewidmeten Zeit, auch die nötige Zeit bleiben für eine sinnvolle Erholung und das Beisammensein mit der Familie sowie für Lektüre, Kunst, Literatur oder dergleichen. Mit einem Wort: Es geht darum, daß wir für den Dienst an unseren Mitmenschen und auch für uns selbst Zeit zu finden wissen, und vor allem geht es darum, nie zu vergessen, daß alle Menschen, Männer wie Frauen, und nicht nur die, die in materieller Bedürftigkeit leben, verpflichtet sind zu arbeiten. Reichtum und materieller Wohlstand sind nur ein äußerer Hinweis darauf, daß man eine um so größere Verantwortung gegenüber der ganzen Gesellschaft trägt.

Das, was dem Opfer Sinn verleiht, ist die Liebe. Jede Mutter weiß, was es heißt, sich für die Kinder zu opfern, ihnen nicht nur einige Stunden des Tages zu schenken, sondern das ganze Leben ihrem Wohl zu widmen. Das eigene Leben auf die Mitmenschen hin auszurichten und einen solchen Gebrauch von den Dingen zu machen, daß man immer etwas zu geben vermag, das sind ganz konkrete Aspekte der Armut, die ein wahres Losgelöstsein garantieren.

Für eine Mutter kommt es nicht nur darauf an, daß sie selbst die christliche Armut lebt, sie muß auch ihre Kinder in dieser Haltung zu erziehen wissen. Sie muß ihnen helfen, daß in ihnen der Glaube, eine freudige Hoffnung und die Liebe wachsen, daß sie ihren Egoismus überwinden lernen und einen Teil ihrer Zeit großzügig denen widmen, die es schwerer haben als sie, und daß sie in einer ihrem Alter entsprechenden Betätigung dem Wunsch Ausdruck verleihen, menschlich und übernatürlich für die anderen da zu sein.

Zusammengefaßt heißt das: Ein jeder muß sich in seinem Leben darum bemühen, der eigenen Berufung treu zu sein. Das beste Vorbild der Armut sind für mich seit jeher der Vater und die Mutter einer bedürftigen, kinderreichen Familie gewesen, die ganz für ihre Kinder leben, in mühevoller Ausdauer, oft ohne ein Wort über ihre Schwierigkeiten zu verlieren, die Last der ganzen Familie tragen und doch ihren Kindern ein frohes Zuhause schaffen, in dem alle lernen sich zu lieben, zu dienen und zu arbeiten.

Im Laufe dieses Interviews haben Sie zu wichtigen Aspekten des menschlichen Lebens und besonders zur Rolle der Frau Stellung genommen und dabei klargestellt, wie sie im Geist des Opus Dei gewertet werden. Könnten Sie uns zum Abschluß sagen, wie man sich eine Mitwirkung der Frau im Leben der Kirche zu denken hat?

112 Bei der Beantwortung dieser Frage fühle ich mich – entgegen meiner sonstigen Gewohnheit – versucht, polemisch zu werden. Das Wort „Kirche“ wird nämlich in diesem Zusammenhang nicht selten mit einem klerikalen Akzent versehen und als Synonym für etwas gebraucht, das dem Klerus und der kirchlichen Hierarchie zugeordnet ist. Und so versteht man unter Teilnahme am Leben der Kirche ausschließlich oder zumindest in erster Linie die Mitarbeit in der Pfarrei, in Vereinigungen, die von der Hierarchie ins Leben gerufen wurden, im aktiven Mitwirken bei liturgischen Feiern und dergleichen.

Wer so denkt, vergißt in der Praxis, auch wenn er es theoretisch noch so laut verkündet, daß Kirche die Ganzheit des Volkes Gottes, die Gemeinschaft aller Christen meint, und daß Kirche deshalb überall dort gegenwärtig ist, wo ein Christ sich darum bemüht, dem Namen Jesu Christi entsprechend zu leben.

Damit möchte ich keinesfalls den Wert der Arbeit herabmindern, die die Frau im Leben kirchlicher Organisationen zu leisten vermag; ich halte ihre Mitwirkung im Gegenteil für unentbehrlich. Schließlich habe ich mein ganzes Leben dafür eingesetzt, die christliche Berufung des Laien, die Berufung jener Männer und Frauen, die ein gewöhnliches Leben mitten in der Welt führen, in ihrer ganzen Fülle und Weite zu verteidigen und die theologische und juristische Anerkennung ihres Auftrages in der Kirche zu erreichen.

Ich möchte hier nur darauf aufmerksam machen, daß es Leute gibt, die das Feld dieses Mitwirkens im Leben der Kirche *in ungerechtfertigter Weise einschränken;* und ebenso möchte ich daran erinnern, daß der gewöhnliche Christ, Mann oder Frau, seine spezifische Aufgabe – auch diejenige, die ihm innerhalb des ekklesialen Ordnungsgefüges zukommt – nur dann zu erfüllen vermag, wenn er sich nicht *klerikalisiert,* sondern wirklich säkular, welthaft bleibt und als gewöhnlicher Mensch mitten in der Welt lebt und sich den Aufgaben der Welt stellt.

Die Aufgabe der Millionen Christen in der ganzen Welt besteht darin, Christus in alle menschlichen Tätigkeiten hineinzutragen, indem sie mit ihrem Leben davon Zeugnis geben, daß Gott alle Menschen liebt und das Heil aller will. Die beste und die wichtigste Art, am Leben der Kirche Anteil zu nehmen, ist daher, dort ganz Christ zu sein, wo das Leben uns hingestellt hat; das ist zugleich die Vorbedingung für jede andere Form der Mitarbeit.

Mich begeistert der Gedanke an so viele Christen, Männer und Frauen, die in aller Schlichtheit ihr alltägliches Leben führen, und dort – vielleicht sogar, ohne es sich besonders vorgenommen zu haben – mit allen Kräften danach streben, den Willen Gottes zu erfüllen. In diesen Christen das Bewußtsein für die Erhabenheit ihres Lebens zu wecken, ihnen zu zeigen, daß das scheinbar Bedeutungslose einen Wert für die Ewigkeit besitzt, und sie zu lehren, aufmerksamer auf die Stimme Gottes zu horchen, die aus den konkreten Umständen und Ereignissen des Lebens zu ihnen spricht, das ist es, was der Kirche heute dringend nottut, das ist es, wozu Gott sie drängt.

Die Aufgabe des Christen besteht darin, die ganze Welt von innen her zu verchristlichen und so zu zeigen, daß Jesus Christus die ganze Welt erlöst hat. Und an dieser Aufgabe nimmt die Frau sowohl in der Familie als auch in jeder anderen Tätigkeit, die sie ausübt, ihrer Wesensart entsprechend teil.

Das Entscheidende ist, daß die Frau auf Gott hin lebt und wie Maria, die Jungfrau und Mutter, das *fiat mihi secundum verbum tuum* (Lk 1, 38) spricht – mir geschehe nach deinem Wort. Denn davon hängt die Treue zu unserer persönlichen Berufung ab, die uns auf eine einmalige und unverwechselbare Art zu Mitarbeitern des Heilswerkes macht, das Gott in uns und in der ganzen Welt verwirklicht.

DIE WELT LEIDENSCHAFTLICH LIEBEN*

Gerade habt ihr die feierliche Lesung von zwei Stellen aus der Heiligen Schrift vernommen, die zum Meßformular des 21. Sonntags nach Pfingsten gehören. Durch das Hören des Wortes Gottes habt ihr euch bereits in den Bereich hineinversetzt, in dem sich meine Worte an euch bewegen möchten. Es sind Worte eines Priesters an eine große Familie von Kindern Gottes in der heiligen Kirche, Worte also, die übernatürlich sein sollen, die von der Größe Gottes und der Größe seines Erbarmens zu den Menschen sprechen und euch auf die eindrucksvolle Eucharistiefeier vorbereiten sollen, die wir heute auf dem Campus der Universität begehen. 113

Betrachtet einen Augenblick diese Tatsache, die ich gerade erwähnt habe. Wir feiern jetzt die heilige Eucharistie, das sakramentale Opfer des Leibes und Blutes des Herrn, jenes Geheimnis des Glaubens, das alle Geheimnisse des Christentums in sich vereint. Wir feiern die heiligste und erhabenste Handlung, die wir Menschen – dank der Gnade Gottes – in diesem Leben zu vollziehen vermögen. Denn wenn wir den Leib und das Blut des Herrn empfangen, dann entledigen wir uns dadurch in gewisser Weise bereits der Fesseln von Raum und Zeit und vereinigen uns mit Gott im Himmel, wo Christus selbst jede Träne unserer Augen trocknen wird, wo der Tod nicht mehr sein wird, noch Trauer, noch Klagen, denn die alte Welt ist ja vergangen[1].

Diese tiefe und so tröstliche Wahrheit, der eschatologische Sinn der Eucharistie, wie die Theologen zu sagen pflegen, kann

* Ansprache auf dem Campus der Universität von Navarra (8. Oktober 1967).

[1] Offb. 21,4.

jedoch auch mißverstanden werden. Und in der Tat geschieht das immer dann, wenn man versucht, das christliche Leben rein *geistig* oder, besser gesagt, rein spiritualistisch aufzufassen; als ein Leben, das nur für jene *makellosen*, außergewöhnlichen Menschen bestimmt ist, die sich nicht mit den niedrigen Dingen dieser Welt einlassen oder sie allenfalls dulden als jenen Gegensatz zum Leben des Geistes, der nun einmal unvermeidlich ist, solange wir noch auf Erden weilen.

Bei einer solchen Sicht der Dinge wird das Gotteshaus zum einzig wahren Standort des christlichen Lebens. Christsein bedeutet dann, zur Kirche zu gehen, an sakralen Zeremonien teilzunehmen und sich in einer kirchlich geprägten Umgebung abzukapseln, in einer isolierten Welt, die sich als Vorhalle des Himmels darstellt, während die gewöhnliche Welt draußen ihre eigenen Wege geht. Die Lehre des Christentums und das Leben der Gnade würden so den mühsamen Gang der menschlichen Geschichte allenfalls streifen, ihm jedoch niemals wirklich begegnen.

Während wir uns an diesem Oktobermorgen darauf vorbereiten, das Gedächtnis des Todes und der Auferstehung des Herrn zu feiern, wollen wir dieser verfälschten Form des Christentums ein klares Nein entgegensetzen. Achtet für einen Augenblick auf den äußeren Rahmen unserer Eucharistie, unserer Danksagung: Wir befinden uns in einem einzigartigen Gotteshaus: Das Kirchenschiff ist der Campus der Universität, das Altarbild die Universitätsbibliothek, dort stehen die Maschinen zur Errichtung neuer Gebäude, und über uns wölbt sich der Himmel von Navarra ...

Bestätigt euch dieses Bild nicht in klarer und unvergeßlicher Weise, daß das alltägliche Leben der wahre *Ort* eurer christlichen Existenz ist? Dort, unter euren Mitmenschen, in euren Mühen, eurer Arbeit und eurer Liebe, dort ist der eigentliche Ort eurer tagtäglichen Begegnung mit Christus. Dort, inmitten der durch und durch materiellen irdischen Dinge müssen wir uns bemühen, heilig zu werden, indem wir Gott und allen Menschen dienen.

114 Ich werde nicht müde, diese Lehre der Heiligen Schrift zu wiederholen: Die Welt ist nicht schlecht, denn sie ist aus den Händen Gottes hervorgegangen. Sie ist Gottes Werk, und Gott betrachtete sie und sah, daß sie gut war[2]. Wir Menschen mit un-

seren Sünden und Treulosigkeiten sind es, die sie schlecht und häßlich machen. Zweifelt nicht daran: Für euch, Männer und Frauen der Welt, steht jede Flucht vor den ehrbaren Wirklichkeiten des alltäglichen Lebens im Gegensatz zum Willen Gottes.

Macht euch in dieser Stunde mit neuer Klarheit bewußt, daß Gott euch aufruft, ihm gerade *in* den materiellen, weltlichen Aufgaben des menschlichen Lebens und *aus ihnen heraus* zu dienen. Im Labor, im Operationssaal eines Krankenhauses, in der Kaserne, auf dem Lehrstuhl einer Universität, in der Fabrik, in der Werkstatt, auf dem Acker, im Haushalt, in diesem ganzen, unendlichen Feld der menschlichen Arbeit wartet Gott Tag für Tag auf uns. Seid davon überzeugt: Jede noch so alltägliche Situation birgt etwas Heiliges, etwas Göttliches in sich, und euch ist aufgegeben, das zu entdecken.

Den Studenten und Arbeitern, die ich in den dreißiger Jahren um mich sammelte, pflegte ich zu sagen, sie müßten lernen, das geistliche Leben zu *materialisieren.* Ich wollte sie damit vor der damals wie heute so häufigen Versuchung bewahren, eine Art Doppelleben zu führen: auf der einen Seite das Innenleben, der Umgang mit Gott, und auf der anderen Seite, säuberlich getrennt davon, das familiäre, berufliche und soziale Leben, ein Leben voll irdischer Kleinigkeiten.

Nein! Es darf kein Doppelleben geben. Wenn wir Christen sein wollen, können wir diese Art von Bewußtseinsspaltung nicht mitmachen; denn es gibt nur ein einziges Leben, welches aus Fleisch und Geist besteht, und dieses einzige Leben muß an Leib und Seele geheiligt und von Gott erfüllt werden, dem unsichtbaren Gott, dem wir in ganz sichtbaren und materiellen Dingen begegnen.

Es gibt keinen anderen Weg. Entweder lernen wir, den Herrn in unserem alltäglichen Leben zu entdecken, oder wir werden ihn niemals finden. Es tut unserer Zeit not, der Materie und den ganz gewöhnlich erscheinenden Situationen ihren edlen, ursprünglichen Sinn zurückzugeben, sie in den Dienst des Reiches Gottes zu stellen und sie dadurch, daß sie zum Mittel und zur Gelegenheit unserer ständigen Begegnung mit Jesus Christus werden, zu vergeistigen.

[2] Gen 1,7ff.

115 Der echt christliche Geist, der ja die Auferstehung des Fleisches bekennt, hat sich zu allen Zeiten gegen eine *falsche Spiritualisierung* empört, ohne Furcht, deshalb als Materialismus verurteilt zu werden. Ja, es ist durchaus berechtigt, von einem *christlichen Materialismus* zu sprechen, der sich mutig allen geistverneinenden Materialismen entgegenstellt.

Was sind denn die Sakramente – Spuren der Menschwerdung, wie die Alten sagten – anders als eine klare Offenbarung dieses Weges, den Gott gewählt hat, um uns zu heiligen und zum Himmel zu führen? Seht ihr nicht, wie Gott sich in jedem einzelnen Sakrament der Materie als Werkzeug bedient, um uns seine Liebe in ihrer ganzen schöpferischen und erlösenden Kraft mitzuteilen? Was ist denn die Eucharistie, die wir in wenigen Augenblicken feiern werden, anders als der anbetungswürdige Leib und das Blut unseres Erlösers, die uns durch die unscheinbare Materie dieser Welt, durch Wein und Brot, *die vom Menschen angebauten Früchte der Natur*[3], dargeboten werden, wie das letzte Ökumenische Konzil sagt?

Wie gut begreiflich ist es, daß der heilige Paulus schreibt: *Alles gehört euch, ihr aber gehört Christus und Christus Gott*[4]. Er meint jene aufsteigende Bewegung, die der Heilige Geist, der in unseren Herzen wohnt, in der Welt hervorrufen will; eine Bewegung, die von der Erde aufsteigt bis zur Herrlichkeit Gottes. Und damit es ganz klar bleibt, daß diese Bewegung selbst die scheinbar prosaischsten Wirklichkeiten umfaßt, schreibt der heilige Paulus an anderer Stelle: *Möget ihr also essen oder trinken oder sonst etwas tun, tut alles zur Ehre Gottes*[5].

116 Diese Lehre der Heiligen Schrift, die, wie ihr wißt, zum Kern der Spiritualität des Opus Dei gehört, muß euch dazu führen, eure Arbeit so vollkommen wie möglich zu verrichten, Gott und eure Mitmenschen gerade dadurch zu lieben, daß ihr in die Kleinigkeiten des Alltags Liebe hineinlegt. So werdet ihr die *Spur des Göttlichen* entdecken, die in den kleinen Dingen verborgen liegt. Wie treffend sind jene Verse des Dichters: *Despacito, y buena letra: / el hacer las cosas bien / importa más que el hacerlas*[6].

[3] *Gaudium et Spes*, 38. [4] 1 Kor 3,22–23. [5] 1 Kor 10,31.

[6] *Wohlgesetzt und ohne Hast; es geht ums Tun, gut getan.* A. Machado, „Poesias completas" CLVI. – *Proverbios y cantares* XXIV. Espasa-Calpe, Madrid 1940.

Ich versichere euch, wenn ein Christ die unbedeutendste Kleinigkeit des Alltags mit Liebe verrichtet, dann erfüllt sich diese Kleinigkeit mit der Größe Gottes. Das ist der Grund, warum ich immer und immer wieder betone, daß die christliche Berufung darin besteht, aus der Prosa des Alltags epische Dichtung zu machen. Himmel und Erde scheinen sich am Horizont zu vereinigen; aber nein, in euren Herzen ist es, wo sie eins werden, wenn ihr heiligmäßig euren Alltag lebt ...

Heiligmäßig euren Alltag leben – mit diesen Worten meine ich die ganze Breite eures christlichen Schaffens. Laßt falschen Idealismus, Träume und Phantastereien beiseite, laßt beiseite alles, was ich *Blechmystik*[7] zu nennen pflege: wenn ich doch ledig geblieben wäre, wenn ich doch einen anderen Beruf gewählt hätte, wenn ich doch eine bessere Gesundheit besäße, wenn ich noch jung wäre, wenn ich doch schon alt wäre ...! Haltet euch vielmehr nüchtern an die ganz materielle und unmittelbare Wirklichkeit, denn dort ist der Herr: *Seht meine Hände und meine Füße; ich bin es,* sagt Jesus nach seiner Auferstehung. *Rührt mich an und überzeugt euch: Ein Geist hat ja nicht Fleisch und Bein, wie ihr es an mir seht*[8].

Wieviele Bereiche eures Lebens werden durch diese Wahrheit erhellt. Denkt zum Beispiel an euer Verhalten als Staatsbürger im öffentlichen Leben. Wer davon überzeugt ist, daß die Welt – und nicht nur das Gotteshaus – der Ort seiner Begegnung mit Christus ist, der liebt diese Welt wirklich; er bemüht sich um eine gute wissenschaftliche und berufliche Ausbildung, bildet sich in voller Freiheit seine eigene Meinung über die Probleme, die ihm begegnen, und trifft dementsprechend auch seine persönlichen Entscheidungen. Als Christ wird er seinen Entscheidungen eine persönliche Besinnung vorausgehen lassen, in der er sich demütig darum bemüht, den Willen Gottes in den kleinen und großen Ereignissen seines Lebens zu erkennen.

Einem Christen wird es jedoch niemals einfallen zu glauben 117
oder gar zu sagen, daß er sich vom Gotteshaus zur Welt herabläßt, um dort die Kirche zu repräsentieren, oder daß seine Ansichten die einzig *katholischen Lösungen* für die entsprechenden Probleme darstellen. So etwas darf nicht sein! Das wäre Klerika-

[7] S. Anm. S. 132.
[8] Lk 24, 39.

lismus, *offizieller Katholizismus,* oder wie ihr es sonst nennen wollt. In jedem Fall würde so der wahren Natur der Dinge Gewalt angetan. Eure Aufgabe ist es, überall eine echte *Laienmentalität* zu verbreiten, aus der sich drei Schlußfolgerungen ergeben:

- man muß anständig genug sein, um die eigene Verantwortung auf sich zu nehmen;
- man muß christlich genug sein, um auch jene Brüder im Glauben zu respektieren, die in Fragen, die der freien Meinung überlassen sind, andere Ansichten vertreten als man selbst;
- und man muß katholisch genug sein, um sich der Kirche nicht für eigene Zwecke zu bedienen und sie nicht in rein menschliche Gruppeninteressen hineinzuziehen.

Es versteht sich von selbst, daß sich diese Vorstellungen von einem heiligmäßig gelebten Alltag kaum verwirklichen lassen, wenn man nicht im Besitz jener vollen Freiheit ist, die dem Menschen – auch nach der Lehre der Kirche – aufgrund seiner Würde als Ebenbild Gottes zusteht. Die persönliche Freiheit – wenn ich von Freiheit spreche, meine ich natürlich immer eine verantwortungsbewußte Freiheit – besitzt eine wesenhafte Bedeutung für das christliche Leben.

Versteht also meine Worte als das, was sie sind: als Aufforderung, tagtäglich und nicht nur in besonderen Notsituationen eure Rechte auszuüben, ehrlich eure staatsbürgerlichen Pflichten in Politik, Wirtschaft, Universität und Beruf zu erfüllen und mutig die Folgen eurer persönlichen Entscheidungen sowie die Bürde der euch zustehenden Autonomie auf euch zu nehmen. Diese christliche *Laienmentalität* wird euch dazu befähigen, jede Form von Intoleranz und Fanatismus zu meiden; oder positiv ausgedrückt: sie wird euch helfen, in Frieden mit all euren Mitbürgern zusammenzuleben und das friedliche Zusammenleben in den verschiedenen Bereichen der Gesellschaft zu fördern.

118 Ich weiß, daß es eigentlich überflüssig ist, an all diese Dinge zu erinnern, die ich seit so vielen Jahren immer von neuem wiederhole; die Hochschätzung der persönlichen Freiheit, des friedlichen Zusammenlebens und gegenseitigen Verständnisses ist ja ein wesentlicher Bestandteil der Botschaft, die das Opus Dei verbreitet. So brauche ich wohl auch nicht ein weiteres Mal darauf hinzuweisen, daß die Männer und Frauen, die sich entschlossen haben, Christus im Opus Dei zu dienen, ganz *normale*

Staatsbürger sind, die sich bemühen, ihre christliche Berufung in ernster Verantwortung und mit all ihren Konsequenzen zu leben.

Nichts unterscheidet die Mitglieder des Opus Dei von ihren Mitbürgern; andererseits aber haben sie – abgesehen vom Glauben – nichts mit den Ordensleuten gemein. Ich liebe die Ordensleute, ich schätze und bewundere ihr klösterliches Leben, ihr Apostolat und ihre Lostrennung von der Welt, den *contemptus mundi.* Sie sind *andere* Zeichen der Heiligkeit in der Kirche. Aber mir hat der Herr nicht die Berufung eines Ordensmannes gegeben, und sie für mich zu wollen wäre verkehrt. Genauso wie keine Autorität auf Erden mich zwingen kann zu heiraten, so kann auch niemand mich verpflichten, Ordensmann zu werden. Ich bin Weltpriester, ein Priester Jesu Christi, der die Welt leidenschaftlich liebt.

Zusammen mit mir, einem sündigen Menschen, sind viele an- 119
dere Christus nachgefolgt: Ein geringer Prozentsatz von Priestern, die früher als Laien im Berufsleben gestanden haben; dann eine große Zahl von Weltpriestern aus vielen Diözesen der ganzen Welt, die auf diese Weise ihren Gehorsam gegenüber dem zuständigen Bischof, ihre Liebe und die Wirksamkeit ihrer diözesanen Arbeit festigen und bekräftigen; sie halten die Arme weit geöffnet wie die Arme des Gekreuzigten, damit alle Menschen in ihrem Herzen Platz finden. Wie ich leben sie mitten in der Welt und mitten unter den Menschen, die sie lieben. Und schließlich jene große Schar von Männern und Frauen der verschiedenen Nationalitäten, Sprachen und Rassen, die – in der Mehrzahl verheiratet, viele andere unverheiratet – von ihrer beruflichen Arbeit leben und aktiv an der wichtigen Aufgabe mitarbeiten, die Gesellschaft menschlicher und gerechter zu machen. Seite an Seite mit ihren Mitmenschen gehen sie in persönlicher Verantwortung – ich betone es – ihrer täglichen Arbeit nach, haben Erfolge und Mißerfolge, bemühen sich, ihre Rechte und Pflichten in der Gesellschaft ernst zu nehmen. Sie betrachten sich nicht als etwas Besonderes, sondern verhalten sich, mit Natürlichkeit, wie jeder andere verantwortungsbewußte Christ, wie einer unter ihren Berufskollegen. Aber sie bemühen sich, jenes göttliche Leuchten zu entdecken, das selbst aus den ganz alltäglichen Wirklichkeiten hervorbricht.

Auch die Einrichtungen, die das Opus Dei als Vereinigung unterhält, besitzen diese durch und durch säkularen, welthaften Merkmale. Es handelt sich nicht um kirchliche Unternehmungen, die im Namen und Auftrag der kirchlichen Hierarchie verwirklicht werden, sondern einfach um Stätten menschlicher, kultureller und sozialer Bildung, die von Laien ins Leben gerufen und geleitet werden, von Laien, die sich allerdings darum bemühen, in diesen Einrichtungen das Licht des Evangeliums und die Wärme der Liebe Christi zu verbreiten. So ist es zum Beispiel nicht Aufgabe des Opus Dei, noch wird es dies jemals sein, Priesterseminare zu leiten, in denen die Bischöfe, *vom Heiligen Geist eingesetzt*[9], ihre zukünftigen Priester ausbilden. Hingegen fördert das Opus Dei in der ganzen Welt Bildungszentren für Industrie- und Landarbeiter, Grundschulen, Mittelschulen und Hochschulen, sowie vielfältige andere Einrichtungen, denn sein apostolisches Arbeitsfeld – so schrieb ich vor vielen Jahren – ist wie ein Meer ohne Ufer.

120 Aber warum soll ich mich länger dabei aufhalten, da doch eure Gegenwart beredter ist als viele Worte. Ihr Freunde der Universität von Navarra seid Menschen, die wissen, daß der Fortschritt der Gesellschaft wesentlich von ihnen selbst abhängt. Eure herzliche Teilnahme, euer Gebet und eure opferbereite Hilfe haben nichts mit katholischem Konfessionalismus zu tun. Vielmehr ist eure Mitarbeit ein klares Zeugnis staatsbürgerlicher Gesinnung, die sich um das zeitliche Gemeinwohl kümmert; sie ist der Beweis dafür, daß eine Universität aus der freien Initiative des Volkes gegründet und unterhalten werden kann.

Und so möchte ich von neuem allen für die Mitarbeit an unserer Universität danken, der Stadt Pamplona, der Provinz von Navarra sowie den Freunden der Universität, die aus allen Gegenden Spaniens stammen und unter denen sich zu meiner großen Freude auch Nichtspanier sowie Nichtkatholiken und Nichtchristen finden, die mit Taten beweisen, daß sie Ziel und Geist des Unternehmens verstanden haben.

Sie alle haben Anteil daran, daß die Universität ein immer lebendigerer Brennpunkt staatsbürgerlicher Freiheit, wissenschaftlicher Ausbildung und beruflichen Eifers wird und der Hochschulbildung neue Anregungen vermittelt. Eure großzügige Hilfe ist die Grundlage für die Verwirklichung einer umfas-

[9] Apg 20,28.

senden Aufgabe, die zur Entfaltung der menschlichen Wissenschaft, zum sozialen Fortschritt und zur Bildung im Glauben beiträgt.

Die Leute von Navarra haben diese Tatsache klar erkannt und sie sehen in ihrer Universität nicht zuletzt einen Faktor für den wirtschaftlichen und besonders für den sozialen Fortschritt der Region; denn die Universität hat vielen ihrer Kinder einen Zugang zu akademischen Berufen eröffnet, der sonst zumindest schwieriger und in gewissen Fällen unmöglich gewesen wäre. Die klare Erkenntnis, welche Bedeutung die Universität für die Region erlangen würde, war ohne Zweifel der Grund für die Unterstützung, die Navarra der Universität von Anfang an gewährt hat, eine Unterstützung, die sicher von Tag zu Tag immer weitgreifender und großzügiger wird sein müssen.

Ich hoffe noch immer – denn es wäre nur gerecht und ist auch in vielen Ländern üblich –, daß eines Tages auch der spanische Staat bereit sein wird, die Last eines Unternehmens zu erleichtern, das keinen privaten Nutzen sucht, sondern sich vielmehr ausschließlich dem Dienst an der Gesellschaft widmet und sich bemüht, wirksam am gegenwärtigen und zukünftigen Wohl des ganzen Landes mitzuarbeiten.

Und jetzt erlaubt mir, daß ich mich einen Augenblick bei ei- 121
nem anderen Aspekt des alltäglichen Lebens aufhalte, der mir ganz besonders am Herzen liegt. Ich meine die menschliche Liebe, die lautere Liebe zwischen Mann und Frau in Brautstand und Ehe. Seit über vierzig Jahren werde ich nicht müde, in Wort und Schrift zu wiederholen, daß diese heilige menschliche Liebe keineswegs etwas nur Erlaubtes oder Geduldetes am Rande der wahren Werte des Geistes ist, wie der falsche Spiritualismus meinen könnte, den ich vorhin erwähnte. Heute beginnen das endlich auch diejenigen zu begreifen, die bisher kein Verständnis dafür aufbrachten.

Die Liebe, die zu Ehe und Familie führt, kann zugleich ein Weg Gottes, ein herrlicher Weg der Berufung und der rückhaltlosen Hingabe an den Herrn sein. Versucht, eure Arbeit so vollkommen wie möglich zu tun, sagte ich vorhin; erfüllt mit Liebe die kleinen Dinge des Alltags, entdeckt – ich wiederhole es – jenes *göttliche Etwas,* das im Kleinen verborgen liegt. Hier, in diesem so lebendigen Bereich der menschlichen Liebe, gewinnt diese Lehre eine ganz besondere Bedeutung.

Professoren, Studenten und die ihr sonst eure Arbeit der Universität von Navarra widmet: Ihr wißt, daß ich Maria, der „Mutter der schönen Liebe", eure Liebe anempfohlen habe. Dort steht jene kleine Kapelle, die wir zu ihrer Ehre auf dem Universitätsgelände errichtet haben, damit sie euer Gebet und die Darbringung eurer lauteren Liebe annehme und segne.

Wißt ihr nicht, daß euer Leib ein Tempel des Heiligen Geistes ist, der in euch wohnt, den ihr von Gott empfangen habt, und daß ihr nicht mehr euch selbst angehört?[10] Wie oft werdet ihr vor dieser Statue Mariens, der Mutter der schönen Liebe, mit einem freudigen Ja auf die Frage des Apostels antworten: Ja, wir wissen es, und mit deiner mächtigen Hilfe, Jungfrau und Mutter Gottes, wollen wir es so leben!

Und ihr werdet den Wunsch verspüren zu beten, jedesmal wenn ihr diese eindrucksvolle Wirklichkeit bedenkt: Etwas so Materielles wie meinen Leib hat sich der Heilige Geist erwählt, um darin Wohnung zu nehmen ... ich gehöre nicht mehr mir selbst ... mein Leib und meine Seele – mein ganzes Sein – ist Eigentum Gottes ... Und dieses Gebet wird reich an praktischen Folgen sein, die sich alle aus dem ergeben, was Paulus sagt: *Verherrlicht also Gott in eurem Leibe*[11].

122 Außerdem müßt ihr euch dessen bewußt sein, daß nur unter denen, die die menschliche Liebe in dieser ihrer ganzen Tiefe begreifen und schätzen, auch ein Verständnis für jenes andere erhabene Gut aufkommen kann, von dem Jesus spricht[12]; für jenes reine Gnadengeschenk Gottes, das dazu drängt, Leib und Seele dem Herrn hinzugeben und ihm ohne die Mittlerschaft irdischer Liebe ein ungeteiltes Herz darzubringen.

123 Ich komme zum Schluß. Zu Beginn sagte ich, daß ich von der Größe und vom Erbarmen Gottes zu euch sprechen wollte; und mir scheint, daß ich das getan habe, indem ich von einem heiligmäßig gelebten Alltag sprach. Ein heiligmäßiges Leben mitten in den irdischen Wirklichkeiten, ohne Lärm, in Einfachheit und Wahrhaftigkeit – ist das heute nicht der ergreifendste Ausdruck der *magnalia Dei*[13], des machtvollen Erbarmens, das Gott zu al-

[10] 1 Kor 6,19.
[11] 1 Kor 6,20.
[12] Vgl. Mt 19,11.
[13] Sir 18,5.

len Zeiten bewiesen hat und stets weiter beweist, um die Welt zu retten?

Und jetzt möchte ich euch mit den Worten des Psalms bitten, euch mit mir in Gebet und Lobpreis zu vereinen: *Magnificate Dominum mecum et extollamus nomen eius simul*[14]: Verherrlicht den Herrn mit mir! Laßt uns gemeinsam seinen Namen preisen! Mit anderen Worten: Laßt uns aus dem Glauben leben.

Laßt uns den Schild des Glaubens nehmen, den Helm des Heiles und das Schwert des Geistes, das Wort Gottes[15], schreibt Paulus an jener Stelle des Briefes an die Epheser, die wir vorhin in der Liturgie des Wortes gehört haben.

Glauben: Wie nötig haben wir Christen diese Tugend, ganz besonders in diesem Jahr des Glaubens, das unser Heiliger Vater Paul VI. ausgerufen hat. Ohne den Glauben fehlt das eigentliche Fundament für die Heiligung des alltäglichen Lebens.

Ein lebendiger Glaube tut uns not, besonders jetzt, da wir uns dem *mysterium fidei*[16], der heiligen Eucharistie, nahen und an dem Ostergeheimnis des Herrn teilnehmen, an dem Geheimnis, das das ganze Erbarmen Gottes zu den Menschen einschließt und verwirklicht.

Glauben brauchen wir, um zu bekennen, daß sich in wenigen Augenblicken hier auf diesem Altar *das Werk unserer Erlösung erneuert*[17]. Glauben, um das *Credo* aus ganzem Herzen zu beten und hier in dieser Gemeinde, um den Altar versammelt, die Gegenwart Christi zu erfahren, der uns *cor unum et anima una*[18], zu einem Herz und einer Seele werden läßt und uns in eine Familie, in Kirche verwandelt: in die eine, heilige, katholische, apostolische und römische, das heißt weltweite Kirche.

Und Glauben brauchen wir schließlich, geliebte Söhne und Töchter, um der Welt zu zeigen, daß dies alles nicht bloße Zeremonien und schöne Worte sind, sondern eine göttliche Wirklichkeit, die wir den Menschen durch das Zeugnis eines alltäglichen Lebens darbieten – eines gewöhnlichen Lebens, das mit der Hilfe der Gottesmutter geheiligt wird im Namen des Vaters und des Sohnes und des Heiligen Geistes.

[14] Ps 33,4.
[15] Eph 6,11ff.
[16] 1 Tim 3,9.
[17] *Oratio super oblata* des 9. Sonntags nach Pfingsten.
[18] Apg 4,32.

VERZEICHNIS DER SCHRIFTSTELLEN
(Die Zahlen verweisen auf die Randnumerierung im laufenden Text)

STICHWORTVERZEICHNIS